地方創生に役立つ!

「地域データ分析」の教科書

データが導く「地域課題」解決への道

政府が「地方創生」をスローガンに、地方の活性化と人口減対策のための総合戦略策定に乗り出したのは２０１４年。以降「地方創生」に向けた動きが活発になり、これまで政治や行政にあまり興味のなかった人も、「自分たちのまちは、どうなるのだろう?」と、地域を身近な問題として捉えはじめている。

これまで地域の問題は「ＫＫＯ」、つまり〝経験〟と〝勘〟と〝思い込み〟で行われてきたと言われている。けれど、これからは地域住民が主体となって地域の課題解決に向けて協働していく時代となった。そうなると、これまでの「ＫＫＯ」では立ち行かない。行政と多様な住民、皆が同じ方向を向いて地域課題に取り組む必要があり、そのために、全員が納得のいくデータに基づいたエビデンス(根拠)が求められている。

一方で、「何から始めたらいいんだろう?」と、最初の入り口で戸惑う人も多い。そこで、「地域課題は何から考えればいいのか」しかも「データに基づくエビデンスを示す手順とは?」、この２つを、誰もが取り組めるようにと考えて企画したのが本誌だ。

本誌では「地方創生」に向けたデータ分析の入門部分をまとめた。地域のデータ分析は「地域課題」解決への出発点である。ぜひ本誌を参考に、自分の地域について考え、課題解決に向けた出発点に立ってみよう!

5

産業編

この本では、
オープン化されたデータがまとまった「RESAS（リーサス）」と
「e-Stat（イースタット）」を使って、地域課題に応じた
データの活用方法を紹介します。

RESAS

↓

統計データを
グラフで視覚化できるサイト
https://resas.go.jp/

e-Stat

↓

政府統計を
エクセルなどで一括入手できる総合窓口
https://www.e-stat.go.jp/

目次

Q1

そもそも なぜ「地方創生」が話題になっているのでしょうか?

A

地方が元気にならないと日本の活力が低下してしまうからです。

背景には地方の経済力を底上げしなければ日本全体の活力が低下してしまうという危機感があります。「地方自治体自らが地方版総合戦略を立案する」という地方創生の鍵となる仕組みも危機感の産物です。地方の自立を促し、自立した地方が連携しなければ日本経済は活性化しないとの考えがここには込められています。

Q2

「人口減少」とよくニュースなどで耳にするようになりましたが、私たちの生活にどのように影響があるのでしょうか?

A

何も手を打たないと、あなたの故郷が消滅する恐れさえあります。

日本の人口は減少に転じており2048年には1億人を割るとの予測もあります。とりわけ影響が大きいのは大都市圏への人口流出が続く地方自治体です。民間の有識者らで組織する日本創成会議はこのままだと地域のネットワークや財政基盤が揺らぎ、2040年には全国の約半数の896の市区町村が消滅しかねないと警鐘を鳴らします。

私たちは「どうなる?」「どうする?」“地域データ”の賢い活用術

「地方創生」とよく聞くけれど
何をどうしたらいいのかよくわからない…。
そんな10個の質問に渋谷先生が
わかりやすく答えます!

渋谷和宏さん
Shibuya Kazuhiro
作家・経済ジャーナリスト・大正大学表現学部客員教授。日経ＢＰ社で編集長などを務めた後、独立。各メディアで大活躍している。

日本の人口は加速度的に減少している

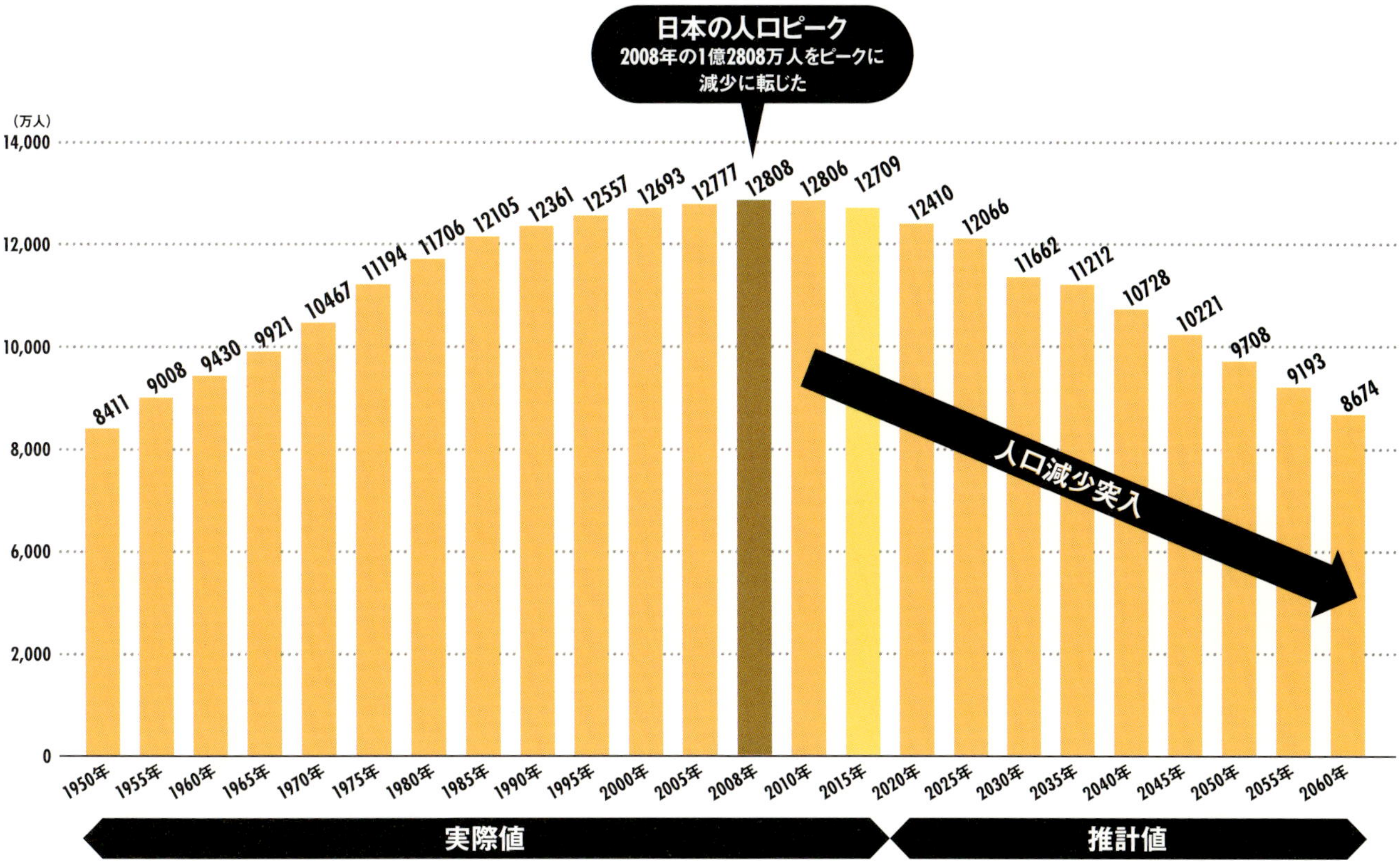

出典／2015年までは総務省「国勢調査」、2020年以降は国立社会保障・人口問題研究所「日本の将来推計人口（平成24年1月推計）」の出生中位・死亡中位仮定による推計結果

人口減少＝経済力の減少では
ありません。それぞれの地域が行動を
起こすことが経済成長を
促します

Q3

「人口減少」によって日本の経済力・国力が低下するのではと、よく報じられています。日本経済が衰退していくのは避けられないのでしょうか。

A

「経済力の低下は避けられない」と考えるのは悲観的すぎます。

経済学者の吉川洋・東京大学名誉教授は、明治3（1870）年から今日までの日本の人口と経済成長率の推移を比較・分析しています。結論は「人口と経済成長はほとんど関係ない」。経済成長に大きく関係するのはイノベーションだと指摘します。地方自らがイノベーションを起こし、人口流出を止めることが重要なのです。

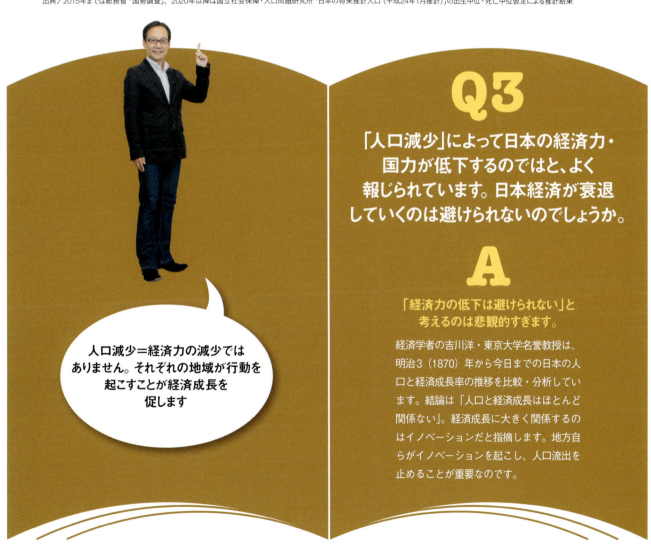

高度経済成長を機に、第1次から第3次に構造変化

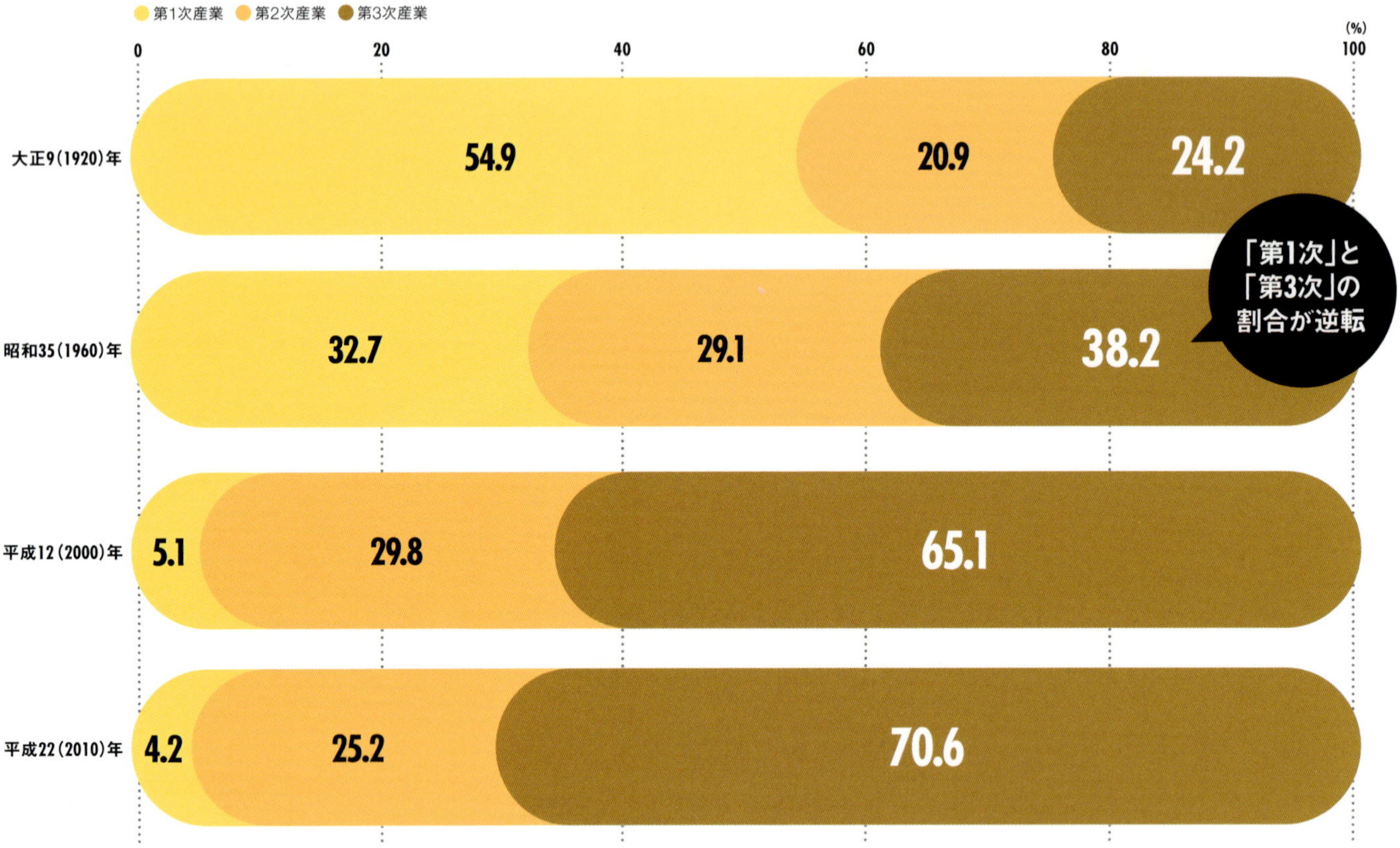

出典／「国勢調査」時系列データ全国（大正9年〜平成12年)、全国（平成7年〜22年）

Q4

「労働力人口の減少」は言葉で見てもわかりますが、何が問題か、具体的に教えてください。

A

人材不足で事業に支障をきたし成長の機会が失われてしまいます。

労働力人口とは就業者（働いている人）と失業者(働きたいが仕事が見つからない人)を足した人口、つまり働き手の数を意味します。働き手が減れば人材不足に悩む企業は増加します。とりわけ若年層の人口流出が続く地方では「ビジネスチャンスがあるのに人がいないため挑戦できない」という機会損失が頻発しかねません。

仕事と子育てを両立できる社会。高齢者も活躍する社会。働き手を増やすには社会のあり方が問われています

Q5

自分たちの地域でできることはどのように見ていけばわかるのでしょうか?

A

まずはデータベースを活用して地域の特性を把握しましょう。

自分たちの地域で何ができるのかを見極めるには、まず地域の強み・弱みを客観的に把握しなければなりません。各自治体の産業別就業人口や出荷額などを網羅した地域経済分析システム「RESAS」は誰もが利用でき、他地域との比較も可能なので「IT人材が少ない」といった思い込みを修正する手段にもなり得ます。

Q6

付加価値を高めるということは言葉では何となくわかりますが、どうすればいいのか、とても難しそうです。

A

消費者が「いいね!」と言ってくれる創意工夫を実現することです。

「付加価値を高める」とは、要は消費者に「いいね！」と言ってもらえる創意工夫を実現することです。付加価値が高まれば売り上げが増え、労働生産性も上がります。その際に問われるのは消費者のニーズやウォンツを察知する力です。消費者が都会に住む人や外国人であれば、外部の視点をどう取り込むかが重要になります。

Q7

外部の視点を取り入れてイノベーションを起こし、付加価値の高い商品を開発した例はありますか?

A

徳島県・上勝町の会社いろどりなど成功例はいくつもあります。

徳島県・上勝町のいろどりは代表例の一つでしょう。料理に添える葉や花などのつまもので国内8割のシェアを持つ会社です。事業を発案したのは農協の営農指導員としてまちにやってきた横石知二氏（現社長）で、「葉っぱを売るなんて貧しい人の仕事だ」と後ろ向きだったまちの人を説得して、まちおこしを成し遂げました。

Q8

地域の課題はわかりましたが、話が大きすぎて自分たちに何ができるのかわかりません。

A

就職を考えるとき、地方で働く自分もイメージしてみましょう。

就職を考えるとき、東京の会社だけを選択肢にするのではなく、「故郷で働く」「憧れていた街で働く」といった具合に地方で働く自分もイメージしてみましょう。故郷で働くのなら故郷への強い思いが、憧れていた街で働くのならあなたが持つ外部の視点・発想が強みになり、まちおこしに貢献できるはずです。

Q9

地域ごとの目標数値って、どうすれば知ることができますか?

A

地方版総合戦略に明記され、自治体のホームページで閲覧できます。

地方創生に向けて地方自治体は地方版総合戦略の策定を努力義務として課されています。地方版総合戦略には産業振興の方法や就職率や転入者数などの現状と目標数値が明記され、自治体のホームページで閲覧できます。地方版総合戦略は自治体が置かれた現状や課題、将来ビジョンを知るうえでも重要な情報源です。

Q10

会社員であってもできることがあるのでしょうか?

A

会社員は誰もがまちおこしに貢献できるスキルを持っています。

おいしい農産物や伝統工芸品など地方にはたくさんの素晴らしい物がありますが、素晴らしさを消費者に伝えるにはネーミングやデザイン、販路の開拓など「伝わる工夫」が必要です。それらは会社員が日々、取り組む仕事に通じますよね。一事が万事で会社員は誰もがまちおこしに貢献できる知識や技術を持っているはずです。

「地方創生は
皆さんの働き方にも関係します。
RESASや地方版総合戦略を使い
視野を広げ、私には何ができるのかを
考えてみてください。」

地域の現状と課題を見える化する

「データ分析」の第一歩

地域の現状を把握したり課題を議論するのに
数値に基づいた共通認識が必要だ。
「データ分析」はそのための第一歩。まず知っておきたいのが、
データを「集める」→「集計する」→「分析する」という基本手順だ。

「データ分析」の第一歩
1

ビッグデータとオープンデータの違いって？

地域の現状をデータで把握しようとするとき、活用できるデータにはどのようなものがあるのか。ここでは、昨今よく耳にするようになった「ビッグデータ」と「オープンデータ」の基本的な違いについて紹介しよう。

日々蓄積していく 多様で膨大な量のデータ

数年前からよく耳にするのがビッグデータという言葉だ。文字通りビッグ＝巨大な量のデータのことを指していうが、大きさに関して○○テラバイト以上などといった区切りが決められているわけではない。従来のデータベースソフトウエアによる分析などの能力を超えたサイズのデータを指す。

例えば、企業に蓄積する顧客データ、多くの消費者が利用するショッピングやポイントカードの情報、ICカードの乗車履歴、天気や地震の記録、最近ではSNSなどに投稿された記事や写真の位置情報などもビッグデータの一つだ。インターネットの普及と、ネットワークにつながる端末の進化により、さまざまなことが毎分毎秒ごとにデータとして蓄積されるようになった。

誰もが見られて活用できるオープンデータ

一方で、オープンデータとは一般の人が閲覧でき、かつ活用できるように公開されたデータを指す。国の統計調査を管轄する総務省では、「組織や業界内などでのみ利用されているデータを社会で効果的に利用できる環境（オープンデータ流通環境）の整備が必要（※1）」とし、続々と国の統計データをオープン化。2016年の「まち・ひと・しごと創生基本方針」の「地方創生版3本の矢」の一つである「情報支援」がこれに当たる。例えば新聞やニュースに登場し、よく知られている「国勢調査」や「家計調査」「学校基本調査」といった国の統計データが、現在では市町村単位でオープン化されてきている。（詳細はP15）こうした地域データを活用することにより、これまで漠然としていた地域の現状や課題を、より「データ」をもとに「見える化」することが可能となったのだ。

市区町村単位でもデータの取得が可能に

こうした国の統計調査がオープン化されるに伴い、その膨大な量ゆえに「どこに何のデータがあるのか」、探すのが困難という問題も生じていた。それを解消するのが2つのサイトである。

一つは総務省のサイトで、「政府統計の総合窓口（e－Stat）」だ。各府省が公表するデータが一つにまとめられ、検索やエクセル形式などでのダウンロードができる。またデータを使ってグラフを作成する機能なども備えており、誰もが統計調査のデータを使って勉強できるようになった。

もう一つが地域のデータを視覚的にわかりやすく展開してくれるサイト「地域経済分析システム（RESAS・リーサス）」である。知りたい地域、項目など自分の目的を選択すると、グラフやマッピングなどに加工済みの「見える化」された状態で使えるものだ。この2つのサイトを活用し、本誌の事例編で具体的な使い方と合わせて「データ分析」の方法を紹介していこう。

（※1）総務省では、オープンデータと言える条件として、コンピュータで処理できるデータ形式であることと二次利用が可能なことを挙げている。

分析に活用されているデータ

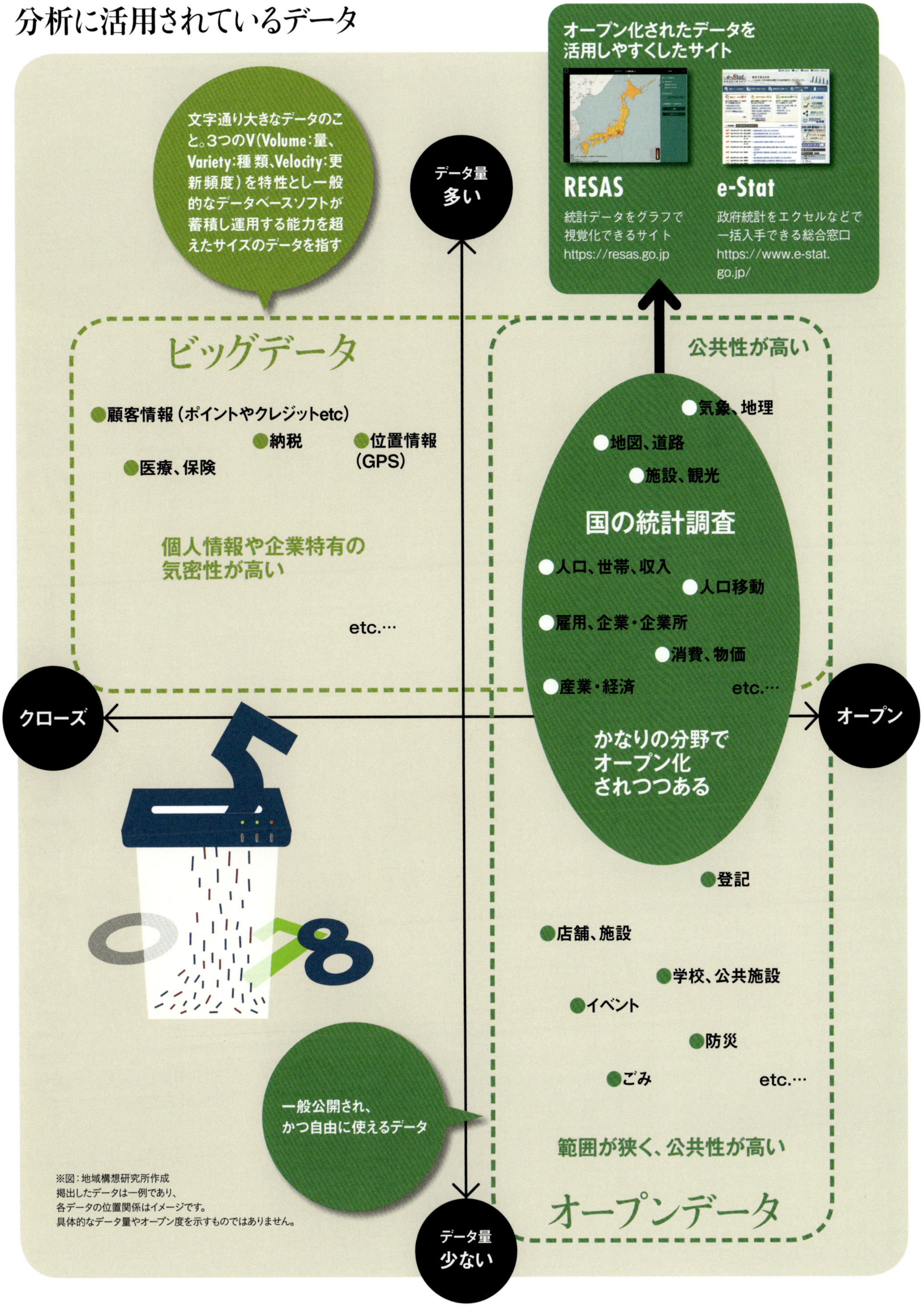

※図：地域構想研究所作成
掲出したデータは一例であり、
各データの位置関係はイメージです。
具体的なデータ量やオープン度を示すものではありません。

「データ分析」の第一歩
2

地域のデータって何がある？

例えば自分が住んでいる地域について調べたいと思ったとき、地域のデータにはどのようなものがあり、それぞれのデータから、地域のどんな面を知ることができるのだろうか？　国の統計調査をもとに紹介しよう。

地域にはどんなデータが？何を分析する？全体像を知ろう

資料やデータ探しの苦労をしたことがある人も多いだろう。特に、国の統計調査がオープン化されてからは、活用できるデータ量は膨大で、データを探すだけで一苦労。データ探しだけで地域の分析を断念してしまう人も、実は多いのではないだろうか。

前述のＲＥＳＡＳやｅ-Ｓｔａｔを最初に使って、地域データを見ることがおすすめだが、その前に地域の何をデータで見ることができるのか、全体像を知っておくと、より効果的・効率的に「データ分析」をすることが可能となる。

「人口・世帯」から、「生活」や「行政基盤」などまで幅広い

地域のデータとして最初に全体像を把握するには「統計でみる市区町村のすがた（※2）」が最適だ。約100の基礎データを年度ごとに整理しており、特に地域を構成する分野（左ページ図参照）の代表的な指標を網羅しているからだ。都道府県単位のデータ（「統計でみる都道府県のすがた（※3）」）は以前から比較的入手しやすかったが、市区町村単位でも詳細なデータが得られるようになった。「Ⅰ基礎データ」と「Ⅱ基礎データの説明」の2部構成（※4）となっている。

複数の項目から地域の姿をとらえる

それでは、地域のデータとは何が収集できるのだろうか？　人がいて建物や乗り物などの公共機関があり、行政や学校区などの制度面もあり、そこで暮らす人々の活動があって「地域」はできている。こうした地域を構成する項目ごとに、左ページの図のように区分することができ、それぞれについてデータがあり、かなり詳細にデータを集めることができる。

「人口・世帯」「自然環境」と「経済」「労働」から入ってみよう！

地域を構成する要素として、まず最初に地域の概観を押さえるとよい。そのために基本となるのが【人口編】（「人口・世帯」、「自然環境」）という左ページのオレンジの2項目、そして次に【産業編】（「経済」、「労働」）という青の2項目である。

「人口・世帯」では人口の規模と構造、世帯数、婚姻件数など、「自然環境」では総面積、可住地面積などがわかるから、この2つを見れば、都会なのか農村地域なのか、転出入数により、人口が流出しているのかどうかの概観がわかる。また、「経済」と「労働」からは、その地域を支える産業がわかる。

まずは、地域を概観するために、この4つの項目をデータで確認し、その後自分の興味のある分野に深堀りしていく。この流れをとることにより、自分の興味のある分野が「なぜ、そうなっているのか」の背景として人口問題や産業問題との関連性も浮き彫りになってくるからだ。

例えば、地域コミュニティの衰退の解決をしようという場合、住民のどの程度が地域外に働きに出ているかにも大きく影響する。それは地域の産業の創出と喪失にも起因しているため、コミュニティの状態を把握するだけでなく、産業や人口の状態から原因を探る必要があるからだ。

（※2）「統計でみる市区町村のすがた」
http://www.stat.go.jp/data/s-sugata/naiyou.htm
（※3）「統計でみる都道府県のすがた」
http://www.stat.go.jp/data/k-sugata/naiyou.htm
（※4）「Ⅰ基礎データ」は、「政府統計の総合窓口（ｅ・Ｓｔａｔ）」内にあり、「人口・世帯」から「経済」、「労働」、「福祉・社会保障」、「安全」などまで11の項目が公表されている。数値を見るだけでなく、エクセルデータでダウンロードも可能だ。自分でグラフなどへの加工もできる

現在、政府の統計で入手できるオープンデータ

市町村単位でデータが入手可能

経済
- 産業別事業所、従業者数、納税義務者数
- 農家数、耕地面積
- 製造品出荷額、小売販売額数、商業商品販売額数
- 産業別売上・付加価値額など

地域の経済活動の主体や規模がわかる

人口・世帯
- 人口、年齢別人口
- 世帯数、高齢者世帯数、単独世帯数
- 出生・死亡数、転出入者数など

人口構成や移動、世帯の状態がわかる

労働
- 労働力人口、完全失業者数
- 雇用状態（正規、非正規などの区分）別従業者数
- 通勤・通学別従業者数 など

地域内の労働者の状態がわかる

自然環境
- 総面積
- 可住地面積、湖沼面積、宅地面積など

地域の土地状態がわかる

本誌P52より
地域分析入門
◀◀◀ 産業編

本誌P30より
地域分析入門
◀◀◀ 人口編

健康・医療
- 病院・病床数、医師数
- 介護老人保健施設・定員数
- 歯科医師数、薬剤師数 など、

健康と医療に関する整備の状態がわかる

行政基盤
- 職員数、財政力指標
- 収支比率、経常比率、財源
- 地方税、交付金、地方債など

地域の財務、歳入・歳出の詳細がわかる

福祉・社会保障
- 養護や介護などの各種施設・定員数
- 障碍者対象の各種施設・定員数
- 国民健康保険加入者数・給付金額など福祉や健康保険の状態がわかる

教育・文化・スポーツ
- 幼稚園児童数、小中学校生徒数、教員数
- 最終学歴人口
- 公民館・図書館数など

地域の教育や文化・スポーツにかかっている規模がわかる

安全
- 火災件数、火災損害額
- 交通事故発生件数
- 刑法犯罪件数など地域の事件事故の発生状態がわかる

居住
- 住宅・空き家数、専用住宅・店舗数
- 建築種別（木造、鉄筋など）住宅数、築年数別住宅数
- 商業・工業地面積
- 1住宅当たりの指標
- 防災・防火対策住宅状況、保育・医療施設と住宅の位置
- ゴミ排出量、道路実延長、自動車保有数
- テレビ・衛星受信数、公園数、郵便局数など

住居と生活全般に関わるインフラ整備などがわかる

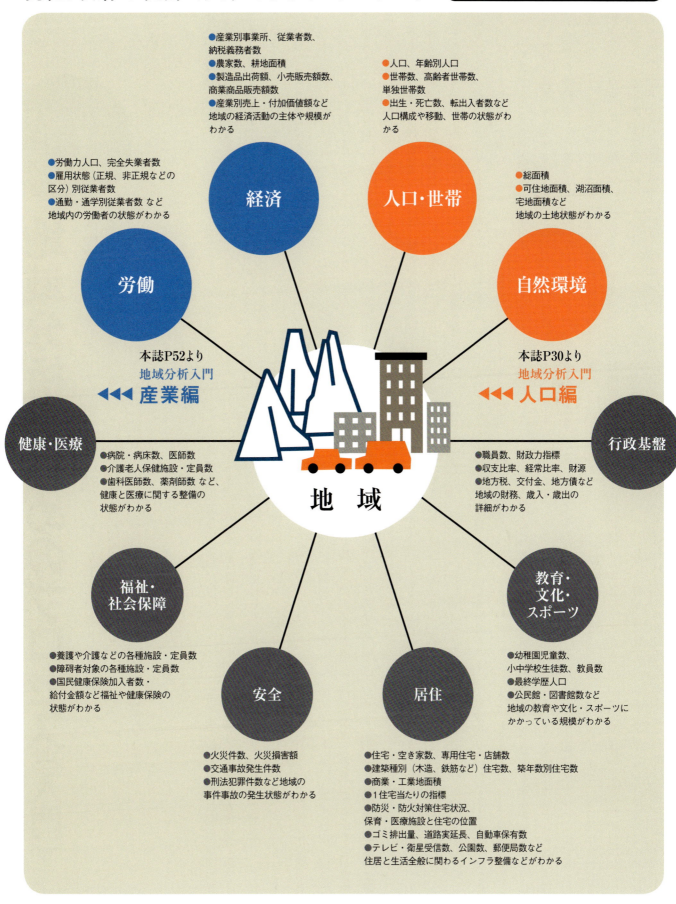

「データ分析」の第一歩

3

地域分析のためのプロセス（入門）

国の統計データのオープン化や、視覚的にわかるデータサイトの登場で、地域のデータを「集める」ことが容易になった。では、地域のデータをもとに、「集計する」→「分析する」には、どのようなプロセスをたどればいいのだろうか

まずは人口と産業のデータを把握し「現状把握」する

地域分析について、決まったプロセスはまだ確立されてない。その背景としては、地域は360度政策と言われるほど、多様な視点が必要なことが挙げられる。例えば世帯に関することなら子育て世帯から高齢者世帯、ひとり親世帯や単身世帯など、あらゆる属性が対象となる。各世帯で課題となるポイントが異なるため、分析の最初の視点もそれぞれ違う。そのため、一律でこの手順でデータを調べようといった方法をとることができないからだ。

そこで、「地域データ分析」の第一歩として、地域の概観を把握することからはじめよう。手順としては前ページで紹介した人口と産業のデータで「現状把握」してみる。人口が減っているのか増えているのか、高齢者の割合はどの程度増えているか。地域の中心産業はなにかなどだ。

「何でだろう？」「意外だな」気になることを深掘してみる

データをもとに「現状把握」したら、出てきた数値をじっくり見てみよう。そうすると、「何で30代の転出が多いんだろう？」「高齢化が進んでいるのに人口は減ってないってことは？」など、疑問や発見が出てくるものだ。

そこで次に、気になったデータについて、さらに深堀りをしてみる。すなわち「課題の整理」のフェーズだ。

例えば、左ページにあるように転出者の多い年齢を性別ごとに見てみたり、どこからどこへ転出している人が多いのかなどを調べてみる。そうすることで、単純に「30代の転出が多い」だけでなく、「乳児を抱える夫婦の転出が多い」ということがわかり、課題が具体的にみえてくる。

「原因のあらい出し」には聞き取り調査も加えるとよい

次に、出てきた課題に対して《どうしてそれが起きているのか》、「原因の洗い出し」をしてみよう。

このフェーズでは、統計データだけでなく自治体が実施したアンケート調査を参考にしたり、時には関係者への聞き取り調査を行ったりすることがおすすめだ。また、そうすることで「課題の整理」と「原因の洗い出し」は、何度も行ったり来たりする場合もある。例えば、A地域で起きている事象がB地域では起きていないことがわかったり、原因だと思っていたことが実はそうではないことが分かったり……。地域の課題はさまざまな要因が複雑に絡み合っている。それ故に、「なんでだろう」と思ったことを複数のデータで捉え、実際に人に聞いて確認するという、多面的な視点を持つことが重要だ。

各地域の総合戦略と照らし合わせ自分ならどうするか考えてみる

地域分析をする際、必ず一読しておきたいのが自治体の「総合戦略」だ。自治体のHPトップ画面に検索窓があるので、ここで「まち・ひと・しごと総合戦略」と検索するといくつか書類がヒットする。地域課題が総括的に整理され、将来の目標数値も設定されている書類だ。具体的なアクションプランを明記している自治体も多い。

戦略書を読んだら、地域課題に対して自分たちに何ができるかを考えてみよう。そうすることで、課題を身近な問題として捉える視点が持てるようになる。そして政策提言をしたり、実践に向けた行動に移そう。これがデータ分析の最終目標だ。単に数字をいじるだけが「地域データ分析」ではない。行動に向けたスタート地点での視点が「データ」の持つ一番の強みだ。

地域を対象とした課題解決のプロセス

分析のための基本プロセス ／ 例えば……世田谷区の場合

現状把握

分析のための基本プロセス

●「人口」「産業」で地域を概観、さらに興味があれば教育や生活、健康・福祉などデータをさらに幅広く見てみよう。

地域の人口と産業を把握することが、地域の現状把握のファーストステップ

本誌で紹介する地域のデータ分析の基礎はココ!

例えば……世田谷区の場合

●「人口」「産業」で地域を概観、30歳以降は、ほとんどの年齢において転出超過傾向となっている。

課題の整理

分析のための基本プロセス

●「現状把握」で出てきた数値をじっくり見てみよう。概観で出てきた数値のデータを深堀りしてみることが必要だ。

例えば……世田谷区の場合

●出てきた数値をさらに深堀。男女の0～4歳、男性の30～44歳、女性の35～39歳に顕著な転出超過である。(=乳児を抱える夫婦の転出)転出者の移動元・移動先は、東京都内が5割前後を占め、これについで神奈川県が多いことがわかった。

原因のあらい出し

分析のための基本プロセス

●《どうしてそれが起きているのか》、「原因の洗い出し」をしてみよう。統計データだけではなく、アンケートや聞き取り調査も組み合わせよう。

例えば……世田谷区の場合

●《どうしてそれが起きているのか》アンケート調査から、出産直後の家族世帯が十分な広さの住宅確保など(親と同居のため転居、もっと広い場所へ転居など)、生活環境に何らかの課題を感じて転出していることなどが原因として考えられる。

目標設定

分析のための基本プロセス

●自治体の「まち・ひと・しごと総合戦略」を参考にしてみよう。具体的な目標数値が出ている。けれど、自治体の総合戦略がすべてではない。むしろ自分たちで目標設定してみよう。そして、それに向けて何ができるのか、具体的な案出しをして行動することが、「データ分析」の本当の活用法だ。

例えば……世田谷区の場合

●自治体の「まち・ひと・しごと総合戦略」では、解決のための具体的な施策・事業として、例えば子育て支援のための「ひろば事業の拡充」52カ所など数値目標も設定されている。

解決策

例えば……世田谷区の場合

●「ひろば事業の拡充」のために、自分たちで何ができるのか考えてみよう！ それ以外に乳児を抱える夫婦の転出を抑制する方法を考えよう！

INTERVIEW

数字をまず俯瞰してとらえる！

「RESAS《リーサス》」が開く身近なデータの世界

2015年4月にリリースされた「RESAS」で何を知ることができるのか、何ができるのか。開発に関わった森大輔さんに聞いた。

森 大輔さん
内閣官房 まち・ひと・しごと創生本部事務局
ビッグデータチーム チーム長代理

RESAS（リーサス）は、日本語では「地域経済分析システム」という。国の統計データや民間のデータを集約して、地域ごとに確認できるようにしたものだ。都道府県単位のみならず、データによっては市区町村単位でも確認できる。しかもそれを、地図で数値レベルごとに色分けしたり、条件ごとにグラフ化したりしている。

データの分析をする際、知りたいデータがどこに掲載されているのか、どこが調査しているのかを調べるだけでも労力がかかる。日本の各地域のデータが集約され、視覚的にもわかりやすく提供されているのは、画期的なことといえるだろう。

地図、色、グラフでデータを見える化

内閣官房「まち・ひと・しごと創生本部事務局」ビッグデータチームの森大輔さんは、こう話す。

「我々が担う役割は、地方創生の推進です。3本の矢を掲げており、①財政支援、②人材支援、③情報支援。RESASは、この③に当たります。それぞれの地域で、課題とこれからの取り組みについて議論するときに、出発点として共通の認識を持つことが必要です。何となく皆が思っていることがあるとして、本当にそうなのか、数値を見て確認する。思い込みではなくデータに基づいて事実を把握する、その土台を提供するのがRESASです」

産業から自治体比較まで今後も進化し続ける予定

RESASが提供するデータは、大きく7つに分類される。「産業マップ」、「地域経済循環マップ」、「農林水産業マップ」、「観光マップ」、「人口マップ」、「消費マップ」、「自治体比較マップ」だ。そこから詳細項目に分かれて、データが紹介されている。

地図、レーダーチャート、棒グラフ、折れ線グラフ、円グラフ、地域間の取引の流れを表す流線……。数字だけでは実感を伴わない数値の大きさの差や、お金の流れなどが、目に飛び込んでくるように表示され、そのデータの出典も記載されている。また、データは今後も追加されていくという。

すでに始まっている自治体や学校での活用

RESASの閲覧数は日毎に伸びており、また「まち・ひと・しごと創生本部事務局」による、地方自治体向けの政策立案ワークショップなども開かれている。

こういった中で、例えば福岡県うきは市では、地方版総合戦略「うきは市ルネッサンス戦略」の策定においてRESASの分析結果を多数採用、外部委託なしに職員自らで作業を実施した。

また、地方創生のアイデアコンテストでは、福島市立岳陽中学校イノベーション部の政策アイデアが地方創生大臣賞を受賞、地方創生加速化交付金の対象にも採択された。こちらもデータ分析にRESASを活用している。

「自然増減・社会増減の推移」を見ると

人口の増減とその内訳である自然増減と社会増減が経年で表示される

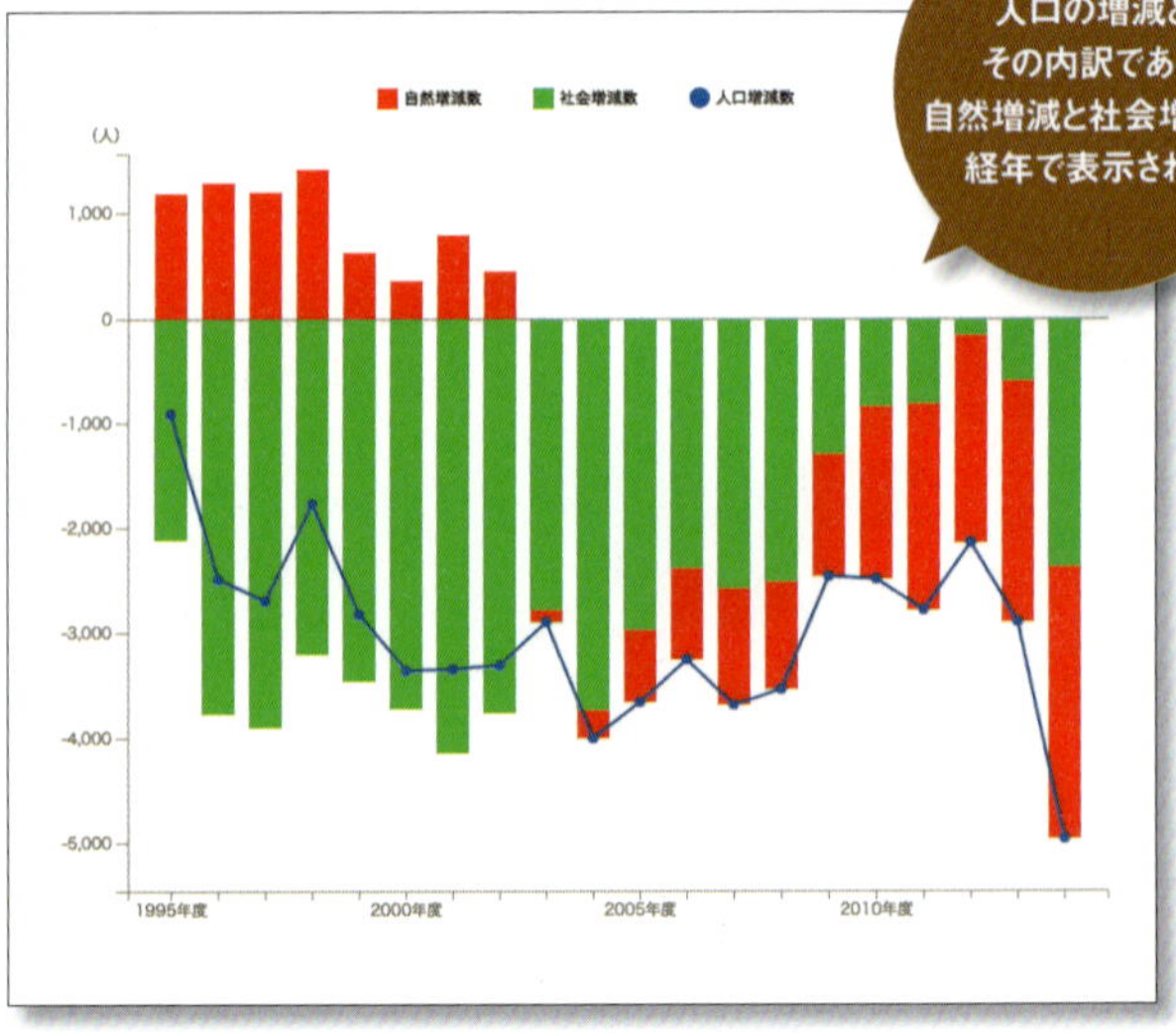

「岳陽中学では部活動の一環として取り組まれたのですが、RESASを使うことで、中学生でもきちんとした政策議論や提案ができる。データを行政のみで独占せず、みんなで使い始めれば、さまざまなことができるのだと思います」と森さん。

RESASを出発点に「自分ごと」で取り組む

森さんはこうも続ける。「岳陽中学の生徒さんたちがすばらしいのは、RESASで地元の果樹の生産額や販売額を調べて、実は2011年の東日本大震災の前から数値が下がっていたことに気がつき、どうしてだろうと果樹農家に聞き取りにいったところです。データを調べて終わりではなく、そこを出発点として行動した。これは、地元の課題を自分ごととして捉えたからですね。そして地元の魅力を中学生の目線で紹介する『観光モニターツアーを作ろう』という提案になった。地方創生は、行政に任せることではなく、自分ごととして、各地域の皆さんに取り組んでいただきたいのです」

では、自分が住む地域や興味のある地域について調べたいときは、まずどのデータを見ればよいのだろうか。

「やはり1つ目は人口でしょう。次が産業です。これを時系列で変化を見てみる、あるいは他の自治体と比べてみることですね。さらに、マクロからミクロへ見る。マクロ的な観点とはその地域の外観で、例えば産業構造やお金の流れ、人口など、つまり全体像を把握したあと、自分の興味のあること、ミクロを細かく見ていく。観光であれば、宿泊、飲食などです。ぜひ活用してください」

「自治体財務状況の比較」を見ると

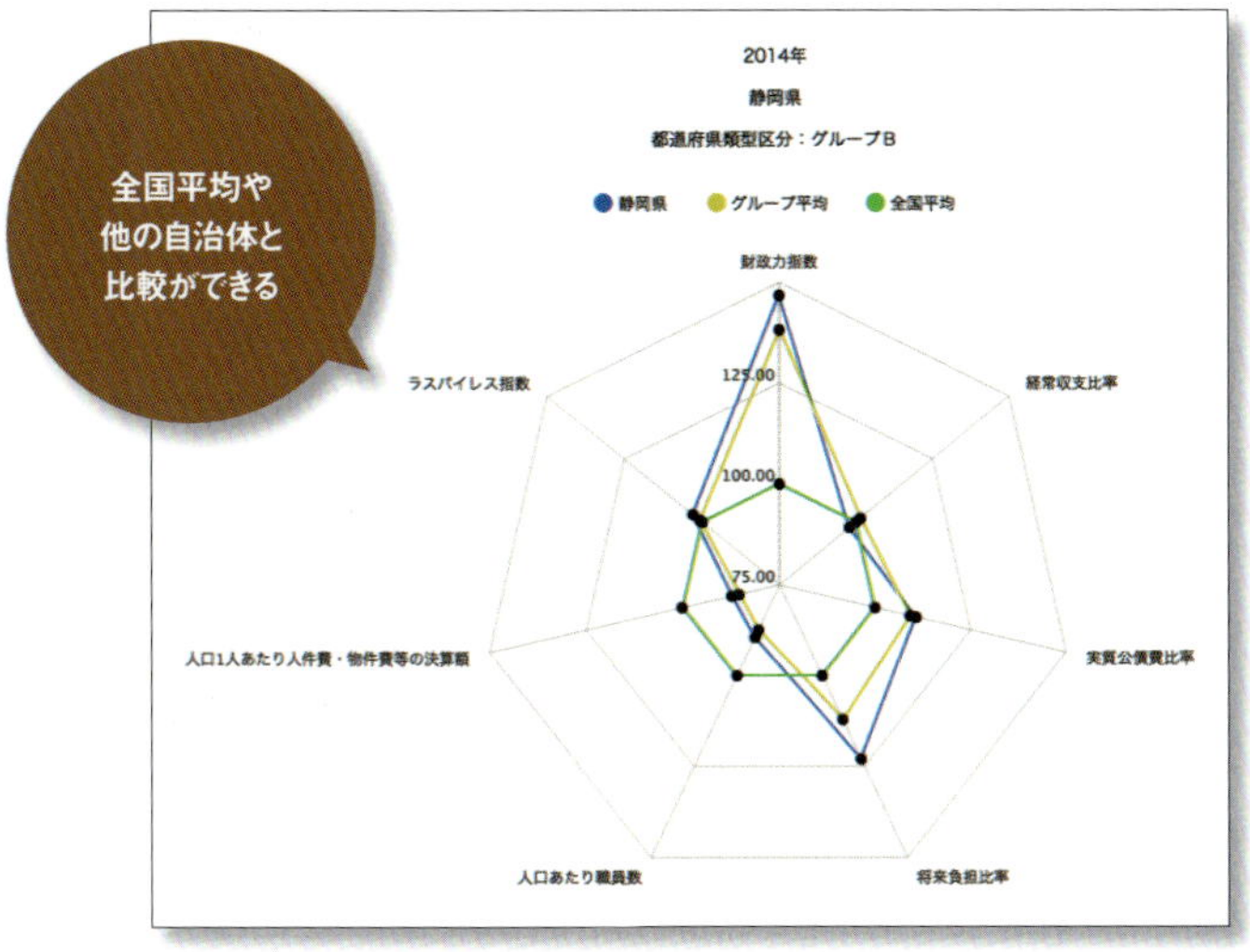

全国平均や他の自治体と比較ができる
2014年
静岡県
都道府県類型区分：グループB
静岡県
グループ平均
全国平均
財政力指数
経常収支比率
実質公債費比率
将来負担比率
人口あたり職員数
人口1人あたり人件費・物件費等の決算額
ラスパイレス指数
125.00
100.00
75.00

7つのマップ、約50のメニューで知りたいデータがすぐわかる!

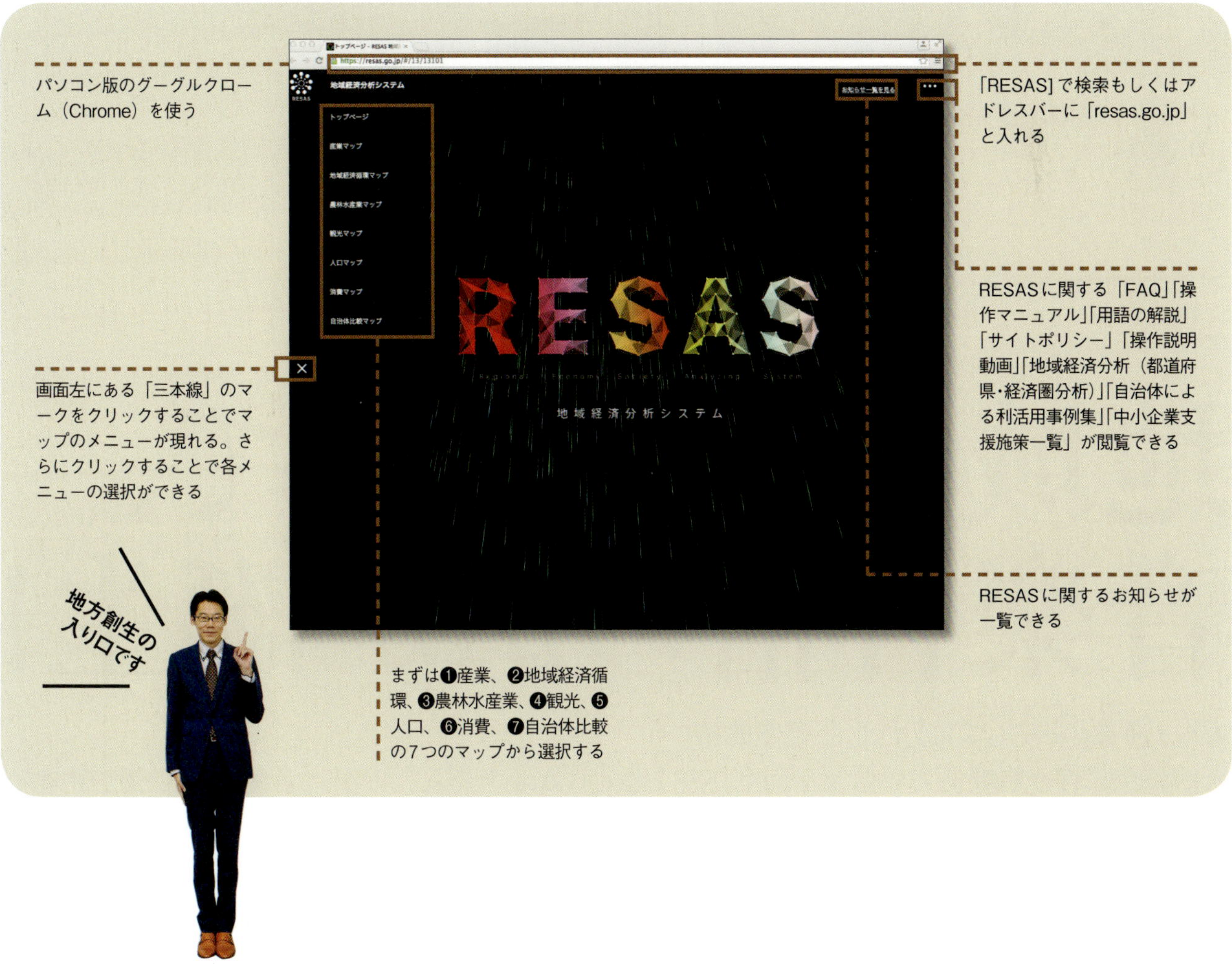

パソコン版のグーグルクローム（Chrome）を使う
「RESAS」で検索もしくはアドレスバーに「resas.go.jp」と入れる
RESASに関する「FAQ」「操作マニュアル」「用語の解説」「サイトポリシー」「操作説明動画」「地域経済分析（都道府県・経済圏分析）」「自治体による利活用事例集」「中小企業支援施策一覧」が閲覧できる
画面左にある「三本線」のマークをクリックすることでマップのメニューが現れる。さらにクリックすることで各メニューの選択ができる
RESASに関するお知らせが一覧できる
まずは❶産業、❷地域経済循環、❸農林水産業、❹観光、❺人口、❻消費、❼自治体比較の7つのマップから選択する
地方創生の入り口です
地域経済分析システム
トップページ
産業マップ
地域経済循環マップ
農林水産業マップ
観光マップ
人口マップ
消費マップ
自治体比較マップ
RESAS

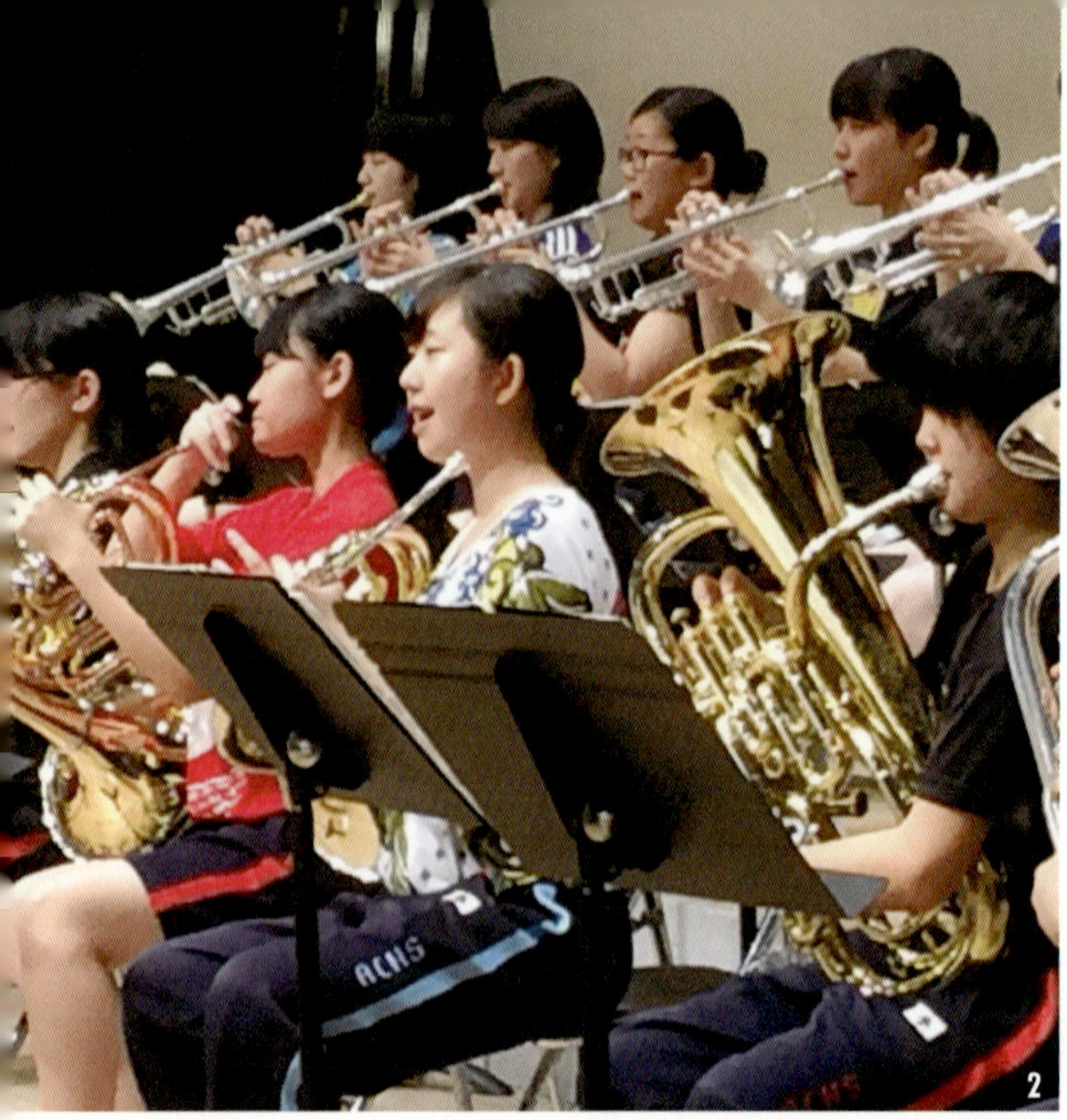

2

1

4

3

サクセスストーリー1　北海道留萌JC

地域が一丸となって、音楽合宿の街が誕生！

古くは漁業の街として栄えた北海道留萌市。

人口減少に伴う地域活力の低下を防ぐために地元民が取り組んだのが、「音楽合宿の街」事業だ。

政策コンテストでグランプリを獲得するまでの成功秘話を、政策起案者である谷龍嗣さんに伺った。

5

8

7

6

地域が一丸となってつくり上げる「音楽合宿の街」留萌

「わーっ!」という声援とともに、全員が円陣を組み、手をつなぎ空に振り上げ、大きな歌声が夜空にこだました。一般社団法人留萌《るもい》青年会議所創立60周年のフィナーレの出来事だ。

地元留萌高校と合宿にやって来た旭川商業高校の吹奏楽部の生徒はもちろん、全国の青年会議所メンバー、商工会議所・食品組合・漁業協同組合の面々、市議会議員や会社の社長、合宿を手伝った地元のおじいちゃん・おばあちゃん・とうさん・かあさん・子どもなど、総勢400人以上の人々が一つの円になって、自然と全員が声をはり上げていたのだ。

地元民みんなが心を込めて準備したご馳走の数々、地元の海で獲れた新鮮な魚介が本物の船に盛られ、鮭のちゃんちゃん焼きが振る舞われる。最後に、

1 街のFM局「FMもえる」。田村さん、谷さんも合宿事業を広報。
2 いきいきと練習する生徒たち。一日中、思い切り音を出せる。
3 他奉仕団体のメンバーたちも歓迎の横断幕を持って出迎える。
4 留萌高校吹奏楽部の生徒たち。合宿メンバーと合同練習をする。
5 合宿のメイン会場での本誌撮影を広報すると100人近くが集合。
6 地元で獲れたホタテ貝の浜焼き。新鮮なだけにおいしさ抜群だ。
7 生徒たちを留萌まで運んだ沿岸バスの運転手さんたち。
8 合宿所に到着する生徒たちを歓迎する留萌高校吹奏楽部メンバー。

地域の花火屋さんが花火を打ち上げ、生徒たちと市民の歓声が上がる。3年間留萌市が一丸となって取り組んだ音楽合宿だったが、誰もが大成功を実感した。それは、音楽合宿の街、留萌が誕生した瞬間でもあった。

「音楽合宿を留萌でやりたいといいだしたのはこの私です」とは、留萌青年会議所の副理事長・谷龍嗣さん。留萌高校で吹奏楽部に入部。20歳のとき、コーチを依頼されて以来、18年間後輩を指導してきた。

「7年前くらいから、他校の指導者に合宿場所を知らないかと何度も相談を受けていたんです。吹奏楽部が朝から晩まで思いっ切り、大きな音で練習ができる場所があって、しかも、宿泊ができる。値段はなるべく安く。大ホールなどでの本番の練習を含め、施設料の資金的問題や予約状況などの影響、移動距離や楽器運搬など、合宿をする場所を探すのは意外と難しいのです」

「『うちのメンバーはホールにこもって朝から晩までずっと練習しているから、せめて合宿のときは留萌の夕日を見せて、留萌の海を見せながらご飯を食べさせてやりたいんだ、BBQさせてあげたいんだ、浜焼き食べさせてあげたいなあ。谷君どうにかならんかね』と札幌の大学の先生にいわれたときは、本当にその気持ちが痛いほどわかりました。自分一人では何もできない悔しさは忘れられません」

そんなとき知り合ったのが、地元青年会議所（JC）のメンバー。「一人ではできないけど、皆で、街全体でやるからすごいことができるんじゃない？　やるべ」と田村裕樹副理事長（当時）から声をかけられたのだ。そこから音楽合宿の街プロジェクトが始まった。

そもそも、留萌は音楽と縁の深い街だ。「宇宙戦艦ヤマト」の主題歌を作曲した作曲家の宮川泰氏の生まれ故郷であり、「蜘蛛巣城」「用心棒」など数々の黒澤明監督の映画音楽を担当したことで知られる佐藤勝氏は留萌高校出身だ。さらには、「青春時代」のヒット曲でお馴染みの森田公一とトップギャランの森田公一氏も留萌出身なのだ。

「交流人口」を増加させ 人口減少地域の活性化へ

北海道の日本海沿岸部に位置する留萌市は、古くはニシン漁で栄えた漁業の街であった。ニシン漁の全盛期には「ヤン衆」と呼ばれる季節労働者たちが大勢訪れ、また彼らをもてなすための技芸文化が盛んとなり、街は大いに

RESAS ＞ 人口マップ ＞ 人口構成 ＞ 市区町村単位で表示する（北海道留萌市） ＞ 人口推移

減り続ける留萌の人口

図1

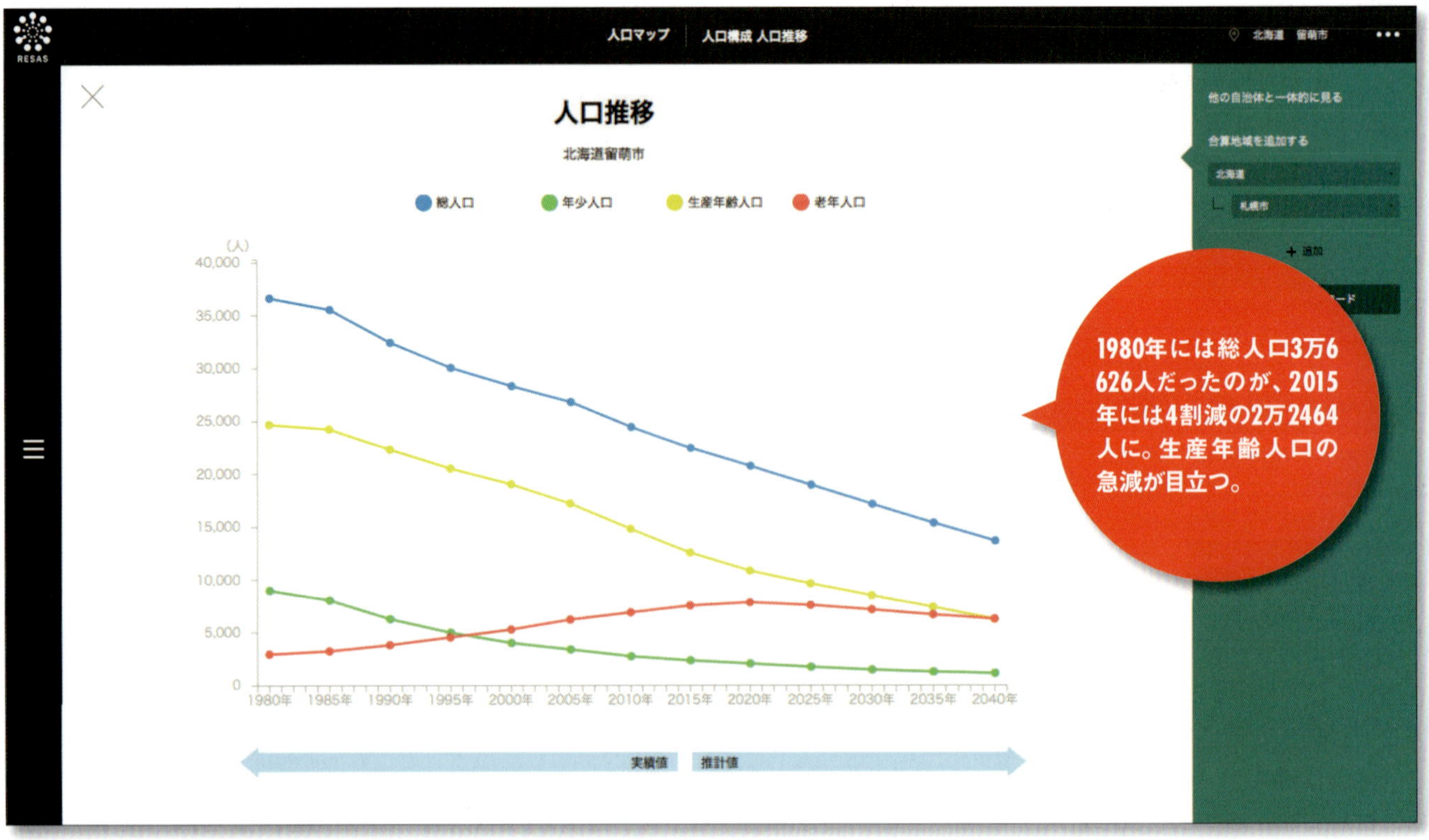

※RESAS人口推移グラフでは、2015年は推計値が掲出される。左ページの総人口は2015年の「国勢調査」速報値の数。

総人口

2万2227人

人口増加率

-9.12%

高齢化率

28.20%

合計特殊出生率

1.60

日本海に沈む夕日は絶景。「日本の夕陽百選」に選定されている。

賑わいをみせていた。「小樽から芸者さんがいっぱい来てね、街全体でヤン衆をもてなすわけです。うちの父さんですら、三味線が弾けるんですよ、チチントンタンツン♪　地域のじいちゃん、ばあちゃん方も、沖あげ音頭を年中口ずさんでいる。音楽好きが多いんですよ」（谷さん）

しかし、１９５５年頃からニシン資源が枯渇し、徐々にニシン漁が衰退し始める。それでも、鉱業や水産加工業が街の経済を支え、１９６５年には人口がピークとなった。

ニシン漁で栄えた漁業の街。今は旭川を中心とする上川・空知地方の産業・生活に関わる流通拠点港。

しかしそれ以降、徐々に人口が減少傾向となる。１９７５年から１９８５年にかけては、留萌市の基幹産業である漁業・水産加工業の衰退が止まらず、国鉄民営化の人員整理により国鉄羽幌線が廃止された。いよいよ、人口減少に拍車がかかることとなったのだ。それ以降も、官公庁の統廃合が進み、人口減少は加速の一途を辿っている。

ＲＥＳＡＳの人口マップで人口推移を見ると、１９８０年には総人口が３万６６２６人いたのに対し、２０１５年には2万２４６４人まで減少している。35年で街の人口は6割になってしまった。（図1）さらに今から約25年後の２０４０年には、１万３６７２人まで人口が落ち込むことが推計されている。さらに今の6割の規模に縮小してしまうということだ。

ほとんどの地方都市が抱える「人口減少・少子高齢化」問題は留萌市においても顕著であり、今後も大幅な定住人口増加は難しいと予測されている。

大幅な定住人口増加が難しいと予測される中、訪れる人や一定時間滞在する人たちの存在、つまり〝交流人口〟の増加が重要となってくる。いかにして他地域の人が留萌に訪れて、消費をする機会を創出できるかが、地域の活力向上の鍵を握っているというわけだ。

そうした状況下で始まったのが、地域再興政策事業『北海道最大の「音楽合宿の街」留萌へ』プロジェクトだ。

音楽に特化した合宿事業を切り口に他地域の人を招き入れ、留萌の魅力を体感できるような場所と機会を創造しようというのが目的。いわゆる〝交流人口創造事業〟と位置づけられる。

音楽の街、留萌だからこそ、次世代の音楽世代育成に一役買いたいというのが、プロジェクトの根幹にある。

吹奏楽は大人数の団体芸術なので、多くの学生を1度に誘致できるのも施策として有効と考えられた。また、吹奏楽の合宿は、音作りの観点から、「同じホール」で「同じ音作り」をする。つまり1度招致すれば、次年度以降も、継続して留萌市で合宿を実施してもらえる可能性があるという、リピートに対する期待も施策として注目された理由だ。

ＪＣメンバーが、そこでまず考えたのは、留萌が音楽合宿の街に適しているといえる強み、差別化の部分だ。

「そもそも、留萌市が合宿地として注目できる大きな理由が2つあると話し合いました」（谷さん）

1つ目は、吹奏楽コンクールへの練習に適した音楽ホール（客席828名）とマーチング全国大会の基準を満たした体育館（30m×30m）が一つの建物に併設されている道内でも随一の良質な練習環境があったことだ。

留萌市には文化センター大ホールがある。音楽ホールは、1000席を超えるホールでは大きすぎて音が散ってしまい音作りをしにくく、500席以下のホールでは逆に小さすぎて音が反響してしまい、練習環境には不適切なのだ。留萌市が保有する適度な大きさの音楽ホールを練習場として思い切り使ってもらおう、というわけだ。

昨今は吹奏楽コンクールと同時に、マーチングコンテストも盛んだ。コンクールの規定は30m×30m以上の大きさの体育館でのマーチングだが、留萌市には、音楽ホールと同じ施設内に体育館があり、しかも規定の広さをクリアしている。練習では、移動時に楽器が雨に濡れることもなく、移動時間にも無駄がない。願ったりかなったりの練習環境なのだ。

2つ目は留萌―深川高規格道路の延長。これにより道央圏からの交通の便が格段によくなった。真っすぐに整備された道路環境は、振動や圧力に対し

町内会、婦人会が生徒の食事作り全面的に協力。写真上は五十嵐町内会メンバーのみなさん。場合によっては、朝昼晩を8人で献立作りから片付けまで担当することも。夜のBBQは獲れたての魚介が自慢。

RESAS ＞ 地域経済循環マップ ＞ 生産分析 ＞ 市区町村単位で表示する（北海道留萌市） ＞ 地域内産業の構成を見る

生産額は「公務」の割合が1位。官依存の街であることが読み取れる

図2

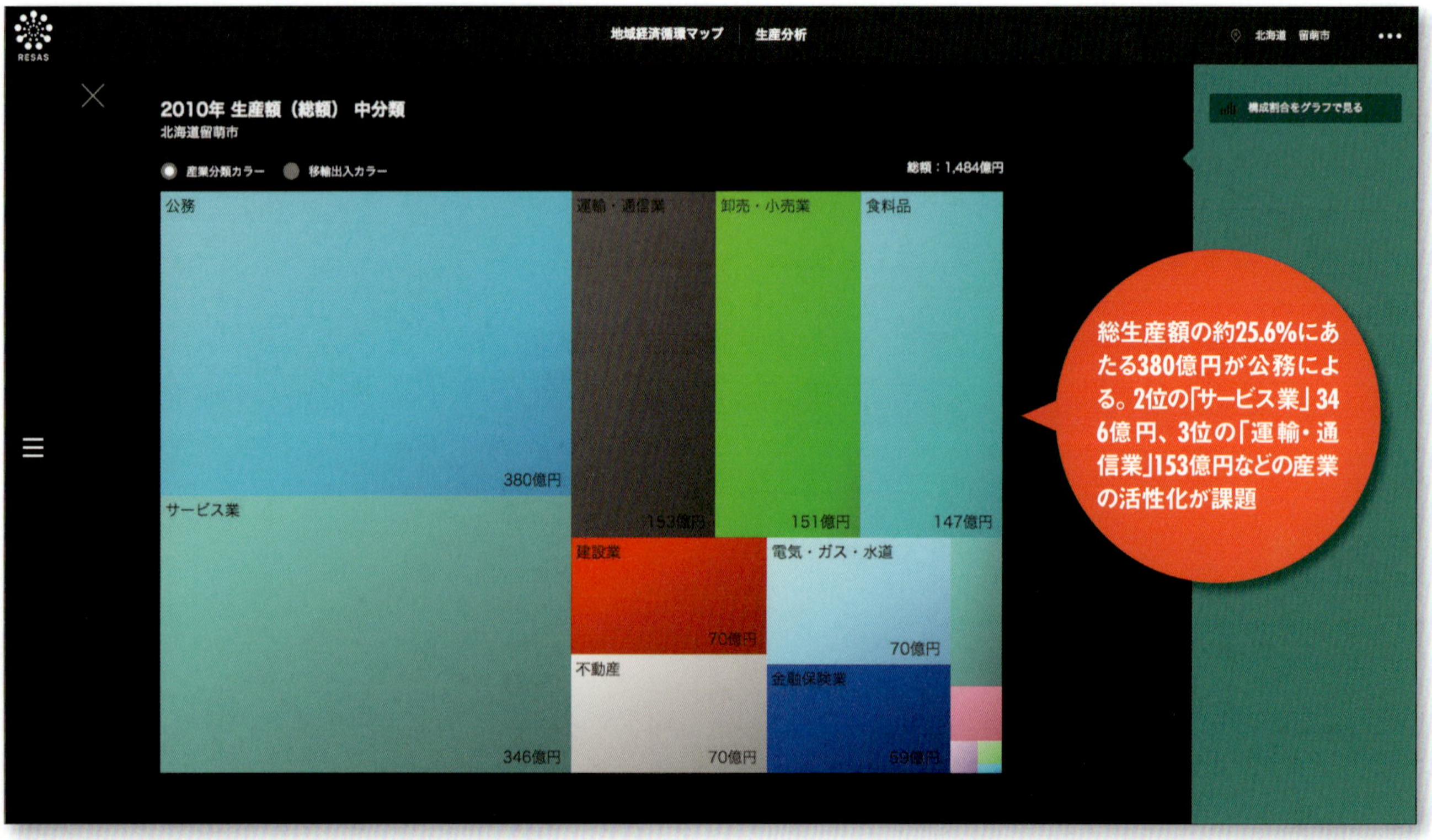

てデリケートな楽器への負担が少ない。また、高規格道路インター（出口）から、合宿会場・演奏練習会場までの移動が15分以内であり、移動に関しても奏者や楽器への負担が少ないのだ。

コミュニティの協力により事業の課題を解決

解決しなければならない課題も山積みだった。留萌市には、大人数を収容できる宿泊施設がない。そうなると、食事や温浴施設の問題も出てくる。市内移動をどうするかも、考えなければならなかった。

「基本は既存施設の利活用で、どう課題を解決するか、ということでした。この事業のために、新たに施設を作るとか、資金を発生させるという発想は誰にもありませんでした」（谷さん）

宿泊施設については、ホテルではなく町内会館やコミュニティセンターといった市内の施設を有効活用することとした。

こうした施設は、従来、葬儀などで利用されていたためすべて2階建てでできている。そのため、男女別宿泊ができ、部屋も多いことから引率の先生方の部屋を別に確保することもできる。また、町内会の協力で宿泊費も安価に抑えることも可能だった。

「コミュニティセンターにたくさんの布団を持ち込んで、いわゆる雑魚寝をしてもらうことにしました。今どきの生徒さんは、雑魚寝経験などなかなかできません。かえって、みんなに喜んでもらえました」（谷さん）

食事は市内の飲食店組合や婦人部の協力を仰ぎ、地域の食材を活かした料理を手作りしてもらうこととなった。

手作り料理を担当した婦人会の一つ、五十嵐町内会のメンバーの伊藤さんは「私たち、昔から葬儀などで炊き出しをするのには慣れていましたからね。最近はこうした機会がなかったから、逆に腕がなるっていうんですか。気軽に引き受けました。昨年は、婦人会メンバー8人で、50人ほどの学生の朝、昼、晩の食事の担当をしました。朝7時から朝食なんで、結構、早くに集まって準備して、夜は夕食が終わったら、次の日の朝の準備もして、と終日作業でしたね。メニューもみんなで相談して、やっぱり地元の食材だね、とホタテの稚貝を集めてホタテめしを作ったり。子どもたちが喜んだのはチャンチャン焼きでしたね」とその様子を話す。

歓迎会や合同演奏会前夜祭では海の街「留萌」ならではの「るもい浜焼き」などを屋外で振る舞う。「生徒さんたちが、感謝の気持ちを込めて歌を歌ってくれたことは忘れられない思い出ですね。感動しちゃいましたね」（伊藤さん）

会場への移動は市内タクシー会社とバス会社から低料金の設定と車両提供の協力を仰いだ。タクシー移動に関しては、手持ちの楽器がある生徒にとってはトランクが使えて便利だったと好評だった。市内のバスにも、移動時間をあらかじめ設定し、路線バスを2台増便してもらう対応をした。

留萌市までの移動を担当した沿岸バス藤井所長は「留萌は、もともと、観光地として行く稚内への通過地点。ここを何とか滞在型にできないかという相談は昔からあったんですよ。ただ、なかなかうまくいかなかった。ですから、今回の音楽合宿の話を持ち込まれたとき、これはいいと思いました。楽器の運搬は少し心配でしたが、大きな

街中が一致協力、全85の団体が「音楽の街」づくりに参加

練習場の提供

留萌文化センター大ホール（席数828席）

1000席を超えると大きすぎて音が散ってしまう。500席以下では小さすぎて音が反響

留萌市スポーツセンター（体育館）

マーチングコンテストのコンクール規定30m×30m以上の大きさを保有

宿泊施設の提供

町内会館・コミュニティーセンター

日頃、葬儀などに利用。すべて2階建てのため、男女で階を分けられる（布団を持ち込んで、宿泊）

市内の温泉施設

入浴は温泉施設を利用

会場への移動

市内バス会社とタクシー会社

低料金の設定と車両提供。バスの移動は、移動時間をあらかじめ設定して、路線バス２台を増便

食事

飲食店組合

お弁当を分割発注

町内会婦人部

食事作り

音楽ホールでの合同練習の様子。ジャージ姿で真剣に音合わせ。

ものは別途JCさんが運送会社を手配してくれた。われわれも小さな楽器は載せたので、少し気を使いましたがね。帰るときの生徒たちの顔を見て、楽しかったんだな、とすぐわかりましたよ。その一端でも協力できてよかったな、とこっちまでうれしくなっちゃいました」

音楽合宿の成功は、街のあらゆる団体や人を巻き込んだところにある。

「留萌—深川高規格道路完成のおかげで、音楽合宿が可能になったという話を国土交通省北海道開発局・留萌開発建設部にしたら、『それじゃ、生徒さんたちが来るときに歓迎看板を作らないと』といってくれましてね。町の入り口に橋があるのですが、そこに『●●高校吹奏楽部　歓迎』という歓迎看板を立ててくれました。市内3カ所にも歓迎看板を準備してくれて、街中の人が、吹奏楽部合宿の生徒さんが来たなー、と歓迎ムードになるんですよ。お役所の粋な計らいがありがたかったですね」（谷さん）

街のFM局「FMもえる」では、合宿に合わせてオリジナル曲を作詞作曲。生徒たちの滞在中、何度となくその歌を流して、歓迎ムードを盛り上げた。FMもえるは、街中の人が聴いているいわば公共放送。吹奏楽部合宿のことを知らない市民はいないという浸透ぶりなのだ。

吹奏楽部合宿の最終日には、合宿校と地元の留萌高校とのジョイントコンサートが開催された。異なる地域の学生が、一つの目標に向けて練習する中で、互いに勉強し合い楽器の技術向上だけでなく、友情を育み、仲間の大切さや協調の心を知る。ジョイントコンサートには、街中の関係者が集まったのはもちろんのことだ。「顔を見れば知っている同士の規模だからできたのかもしれない」と留萌JCの田村裕樹理事長は語る。

コンテストでのグランプリ受賞 次なる目標は全国的なモデル化

そして2015年。公益社団法人日本青年会議所（JC）主催で開催された地域再興政策コンテストで、留萌青年会議所が提案した「音楽合宿誘致事業『地域でおもてなし　魅力ある音楽合宿』～集え！青春の光～」は、最高賞の内閣府特命担当大臣大賞（グランプリ）を獲得した。

この年初開催となった同コンテストは、地域の自立自活をテーマとしたもので、全国94のJCから136の政策が応募された。7月の最終審査には、前理事長の池田氏や音楽合宿発案者の谷副理事長ら、8名が参加。吹奏楽の練習に適した音楽ホールとマーチング大会の基準を満たした体育館が同じ建物内にある利便性などをアピール。

審査員からは、既存の施設を活用しつつ、歴史・文化資源を活かしたことや、これまでになかった「音楽合宿の街」という発想の新規性などが評価され、晴れてグランプリ獲得となった。

その後、グランプリを獲得したことが新聞などの地元メディアに大きく取り上げられ、大きな話題となっていく。

こうしたことをきっかけに留萌市から「るもい音楽合宿誘致環境整備事業」として大規模な予算支援を受けることになる。この結果、それまでの取り組みで課題となっていた「宿泊施設・温

(上)今回のプロジェクトの立役者の留萌JC田村理事長と谷副理事長。(中)マーチングコンテストの練習風景。30m×30mの広さが自慢だ。(下)1食500円の予算で作られる食事。新鮮な魚介がてんこ盛りの海鮮丼は留萌ならではのおもてなし。

留萌高等学校吹奏楽部の生徒たち。音楽合宿の街を盛り上げる主要メンバーのひとつ。今年は12年ぶりに全国大会出場！

浴施設の問題」、「参加者の負担軽減」などの解消が図られることとなった。また、音楽合宿に加え、スポーツ分野や教育分野においても交流人口の拡大を創出しようという期待も寄せられている。

2014年に始まった音楽合宿事業は、初年度には2団体、130名の参加だったが、2年目の2015年には3団体、375名、2016年夏の時点で5団体270名と、年々参加人数を増やしている。

常連となった旭川商業高校吹奏楽部の生徒たちが、ゴールデンウイークに家族旅行を企画して、訪ねてくれたり、合宿の時期に合わせて、OBOGたちが留萌を訪問してくれる、といった相乗効果も生まれている。

「私たちの次の目標は、音楽合宿事業が全国的なモデルとなっていくことです。週末の部活動が限定される中、合宿ニーズは高まるばかりです。われわれは3泊4日で1万円の料金で受け入れていますが、こうした誰でも参加できる費用設定も、自治体ぐるみなら実現可能だと思います」（谷さん）

留萌をきっかけに、日本全国の街が合宿サポート自治体となる日がやってくるかもしれない。

BBQの時間に合わせて、地元の観光協会が花火の打ち上げをしてくれた。ニシン漁で栄えた港をバックに青春の思い出が光る。

スルーレポート

ここでは人口・産業問題解決に向けた6つの事例を紹介していく。

そのうち5つは、2016年の日本青年会議所（JC）主催の政策コンテスト（P90参照）において優秀賞を獲得した政策である。もう1つは、6次産業化で先進的な取り組みをしている商工会の実例だ。

それぞれの政策や取り組みから、地域課題解決のヒントを探ろう。

人口編

本誌P30より

事例1
愛知県豊橋市

定住人口を増加させる切り札
ファミリー世代へのメッセージ

子育てに優しいイクボス同盟

事例3
兵庫県小野市・加東市

20代後半の人口流出をUターンで解決

「＋5歳成人式」で地元回帰を促進!

事例2
兵庫県香住市

人口減・産業力衰退を観光でボトムアップへ

新しい気軽な旅スタイル RVパークの聖地に

※各特集内の基礎データはそれぞれ下記を参照した。
・総人口…総務省統計局「国勢調査結果」(2015年速報値)
・人口増加率…総務省統計局「国勢調査結果」(2015年速報値)
※2010年と2015年の比較
・高齢化率…総務省統計局「国勢調査結果」(2010年)
・合計特殊出生率…厚生労働省人口動態・保健社会統計室「人口動態保健所・市区町村別統計」(2008年～2012年)
なおRESASのグラフで提出された数値と異なる場合があるが、調査年が異なっているためである。

人口・
産業問題を
解決!

6つのブレイク

事例 6
石川県金沢市
第3次産業の起業増加で付加価値創造へ
起業家相談グループ「金沢旦那衆」を結成

事例 4
鹿児島県出水市
地域資源の再活用で交流人口拡大へ
滞在型観光を実現! 武家屋敷に泊まろう

産業編

本誌P52より

事例 5
山形県河北町
農業で独自のポジショニングを確立へ
イタリア野菜をブランドへ 6次産業化への道

地方創生の課題 読み解き術 人口編

「人口減少社会」日本で地域にできることとは?

日本の地域創生を考えるときにまず課題となるのが、全国で進む人口減少の問題だ。

２０１５年の国勢調査結果によれば、日本の総人口は１９２０年の調査開始以来、初めての減少をむかえている。２００８年には1億２８０８万人とピークを記録したものの、低下の一途を辿っており、今後も急激に増加することはないだろうと予想されている。国立社会保障・人口問題研究所によると２０６０年には現在の約3割の人口が減って８６７４万人になると推計されている。今や日本は本格的に「人口減少社会」に突入したといえる。

そのため、各自治体のレベルでも、この人口減少に歯止めをかけることが重要課題となっているのだ。

こうした現状で地域分析を行う際は、まずは「高齢化」「少子化」「労働力人口」の３つの点を把握しなければならない。この人口編では、3点のうち「高齢化」と「少子化」に主に触れることにし、「労働力人口」についてはP52からの産業編で詳しく見ていくことにしよう。

高齢化率・高齢化のスピードともに世界トップ

図1のグラフを見ると、日本の高齢化率（総人口に占める65歳以上人口の割合）は今後も右肩上がりで推移していくことがわかる。

世界保健機関（ＷＨＯ）や国連の定義によると、高齢化率が7％以上14％未満の社会は「高齢化社会」、14％以上21％未満は「高齢社会」、21％以上は「超高齢社会」とされているが、この中で日本は「超高齢社会」に分類さ

日本の人口は減少、さらなる高齢化へ

図1 日本の総人口と高齢化の推移

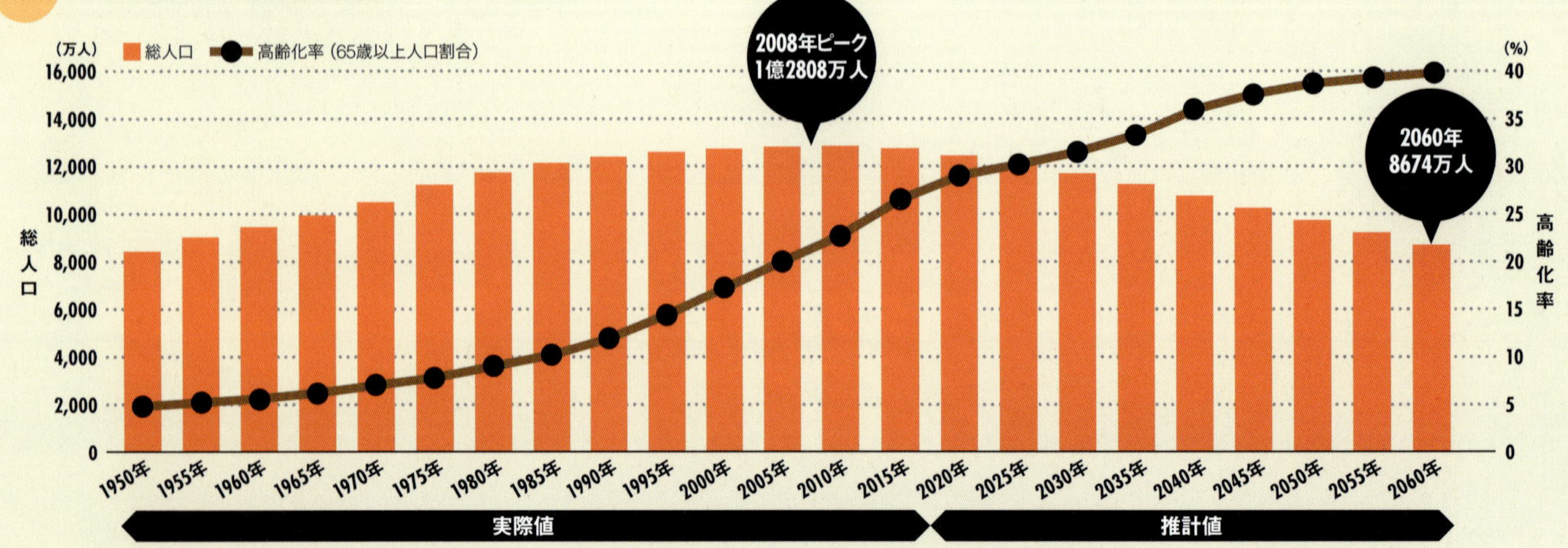

出典／2015年までは総務省「国勢調査」、2020年以降は国立社会保障・人口問題研究所「日本の将来推計人口（平成24年1月推計）」の出生中位・死亡中位仮定による推計結果

れる。しかも、その高齢化率は2015年現在、飛び抜けて世界トップを記録しているのだ（図2）。「超高齢社会」の国は主要先進国で3カ国のみであるが、高齢化率が25％を超えている国は日本以外にはない。

また、驚くべきはそのスピードだ。日本が「高齢化社会」になった、つまり高齢化率が7％から14％に上昇したのはたった24年間での出来事であり、フランスではこの変化に114年、スウェーデンでは82年かかっている。要するに、これまで日本は世界でも類を見ないほどのスピードで、今では4人に1人が高齢者という、世界トップの「超高齢社会」に移行してきたのである。

高齢化を食い止めるためには各地域の施策が重要に

これらを踏まえると、日本の人口減少と高齢化はすでに避けられない事態となっているのは一目瞭然だ。その一方で、変化のスピードをいかに緩やかにするか、抑止していくかがポイントとなるということがわかる。

図3は、2015年時点で1719ある日本全国の自治体（市町村1718＋特別区1）を、人口の増減と高齢化の2つのデータに基づいて分布させたグラフである。

4つの象限（エリア）のうち、「人口減かつ高齢化高（超高齢社会）」を示す象限3（右下）に位置している自治体は1411あり、全体の8割以上を占めている。それゆえ、全国平均（高齢化率26・6、人口増減率マイナス0・7％）もこの象限3に分けられる。東京をはじめとした都市部では他地域から人口が転入して増えているため、「人口増かつ高齢化低」の象限1（左上）、もしくは「人口増かつ高齢化高」の象限2（右上）に位置する自治体が多い。それぞれ全体の3・7％、13・7％を占めている。

日本が今後、人口減から人口増へといきなり転換させるのが難しいとすれば、せめて高齢化だけでも抑制していきたい。そうなれば、象限3の自治体をなるべく「人口減かつ高齢化低」の象限4（左下）へと近づけるための工夫が必要となってくる。現時点で象限4に位置しているのはわずか8自治体、全体の0・5％であるため、各地域の高齢化を食い止めることができるかどうかはまさにこれからの施策に賭けられている。

そしてその施策の中でも重要視されているのが、①人口移動②少子化への対策だ。

次のページからは、この2つについて、さらに深堀りしていこう。

日本は高齢化率でダントツ世界トップ

図2 主要10カ国の高齢化ランキング

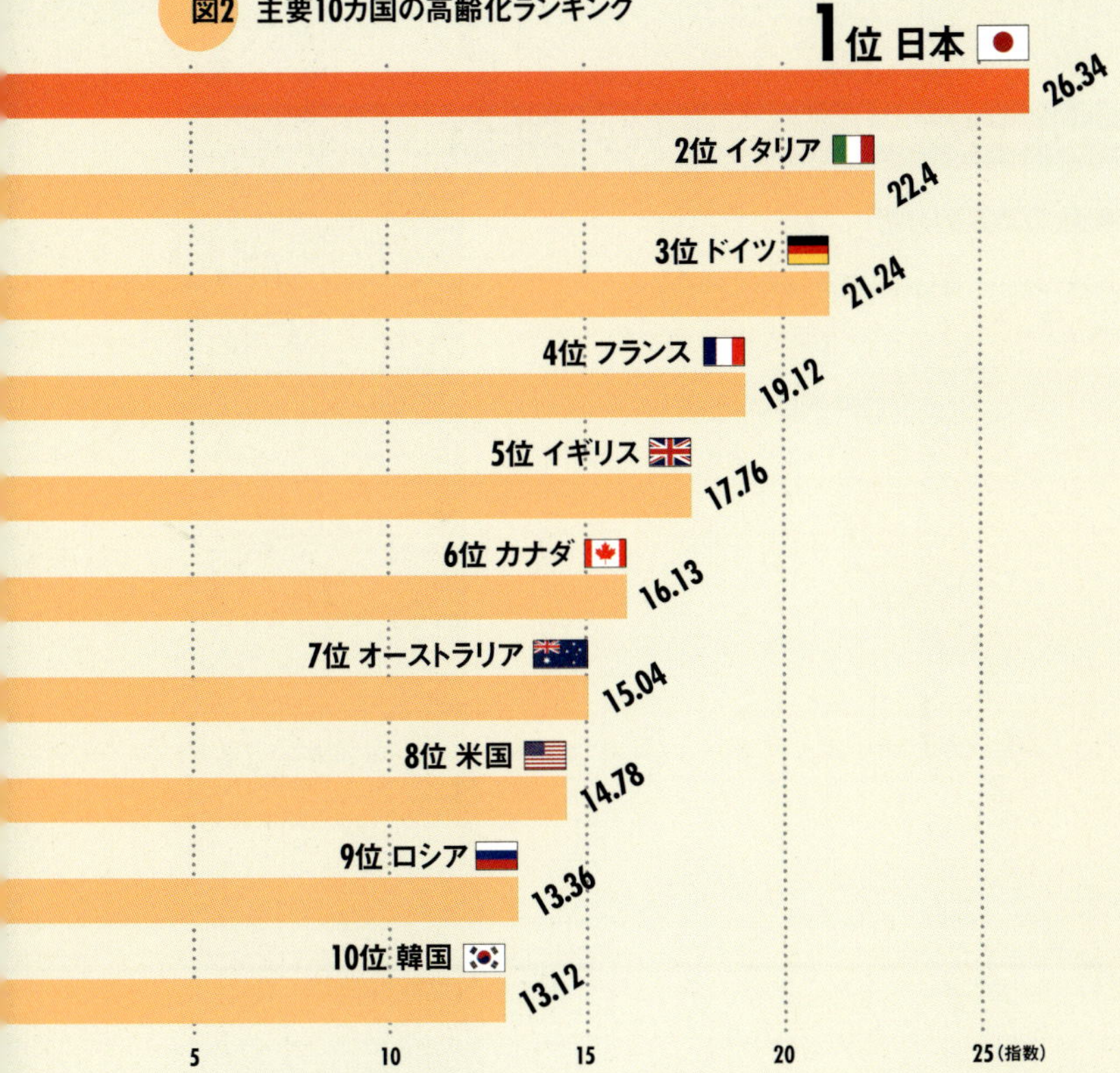

出典／世界銀行　※2016年更新最新データ

8割以上の自治体が人口減かつ超高齢社会

図3 日本全国の自治体の高齢化率・人口増減率の分布

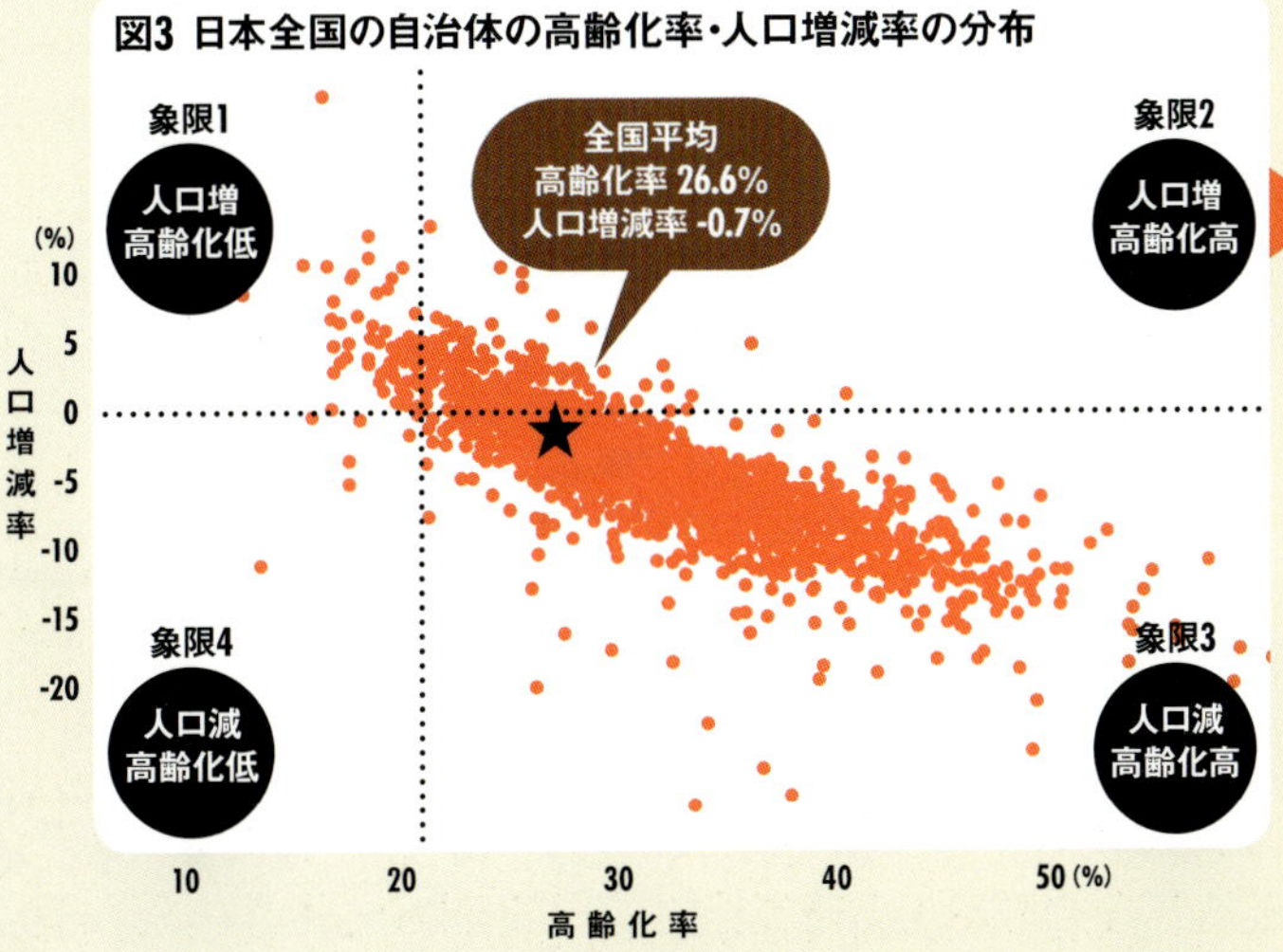

点線＝人口増減0%と超高齢化の21%を中心に考える

	自治体数	全体の割合
象限1	64	3.7%
象限2	236	13.7%
象限3	1411	82.1%
象限4	8	0.5%

出典／総務省「国勢調査」2015年より 地域構想研究所作成

人口流出都市の状態（例：北海道）

図4

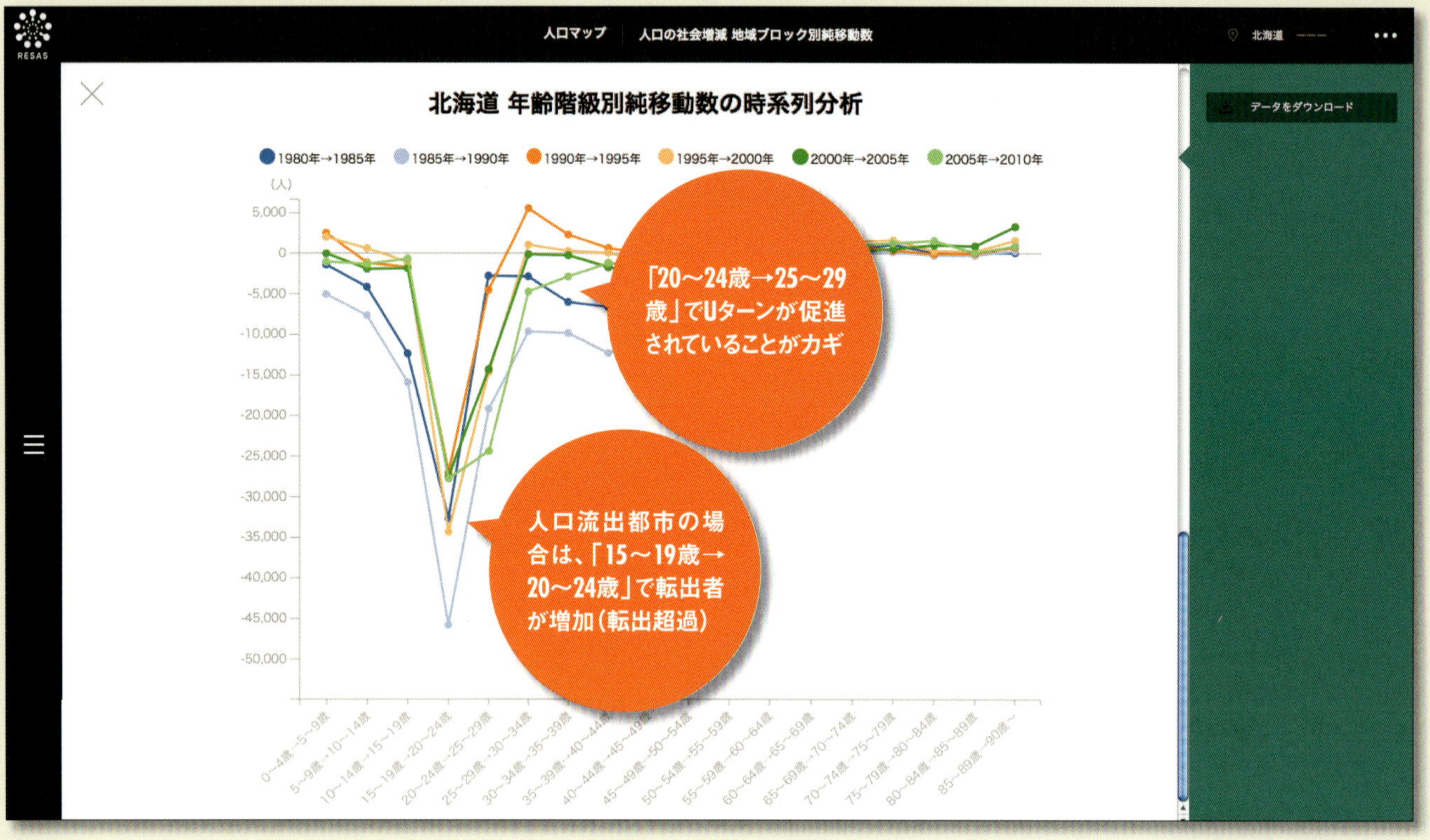

就職・Uターンの促進で都市部への流出を防ぐ

日本の人口移動については、「東京一極集中」ということがよく言われている。しかしこれは、正確には東京のみへの人口集中ではなく、「東京圏」と言われる、東京を中心とした首都圏への人口移動のことを指す。

そして昨今ではこれに加えて、札幌・仙台・名古屋・大阪・福岡といった「各地域ブロック中心市」への人口集中が進んでいる。首都圏といくつかの地方の大都市への多極的な集中というのが、人口移動をめぐる日本の現状なのだ。

一般的に人口移動は主に「15〜19歳→20〜24歳」の進学・就職時期に多く発生する。したがって、人口減少を抑止するには、地域内の定住人口のほかに就職・「Uターン」（地方から都市部へ移住して再び地方の生まれ故郷へと戻る）人口を増やすことで、「20〜24歳→25〜29歳」の転出を抑えることがカギとなる。

ここで、RESASの人口マップを見てみよう。「図4」「図6」グラフでは、北海道と東京の年齢別・時系列ごとの人口の流入（出）の状態がそれぞれ示されている。

人口流出都市である北海道では、1980年〜2010年の全時期を通して「15〜19歳→20〜24歳」で流入より流出が増えているが（＝転出超過）、オレンジ色の1990年〜1995年

出生率は改善しても、生涯未婚率は年々上昇

図5 生涯未婚率と合計特殊出生率の推移と予測

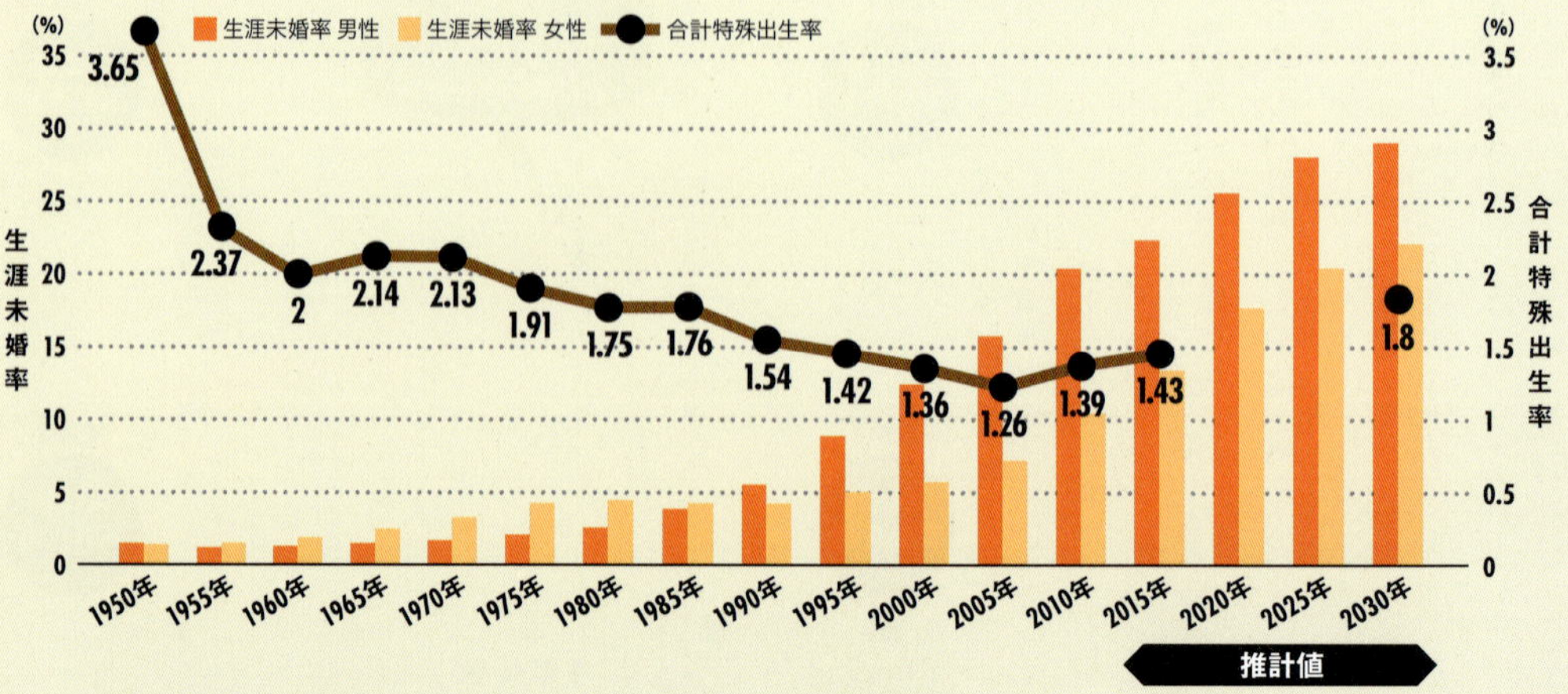

出典／厚生労働省「人口動態統計」、国立社会保障・人口問題研究所「人口統計資料集2016」
（※生涯未婚率は、50歳時点で一度も結婚をしたことのない人の割合であり、2005年までは「人口統計資料集（2009年版）」、2010年以降は「日本の世帯数の将来推計」より45〜49歳の未婚率と50〜54歳の未婚率を推計）

RESAS ＞ 人口マップ ＞ 人口の社会増減 ＞ 都道府県単位で表示する（東京都） ＞ 転入超過の状況を表示する ＞ 人口移動（グラフ分析）

人口流入都市の状態（例：東京都）

図6

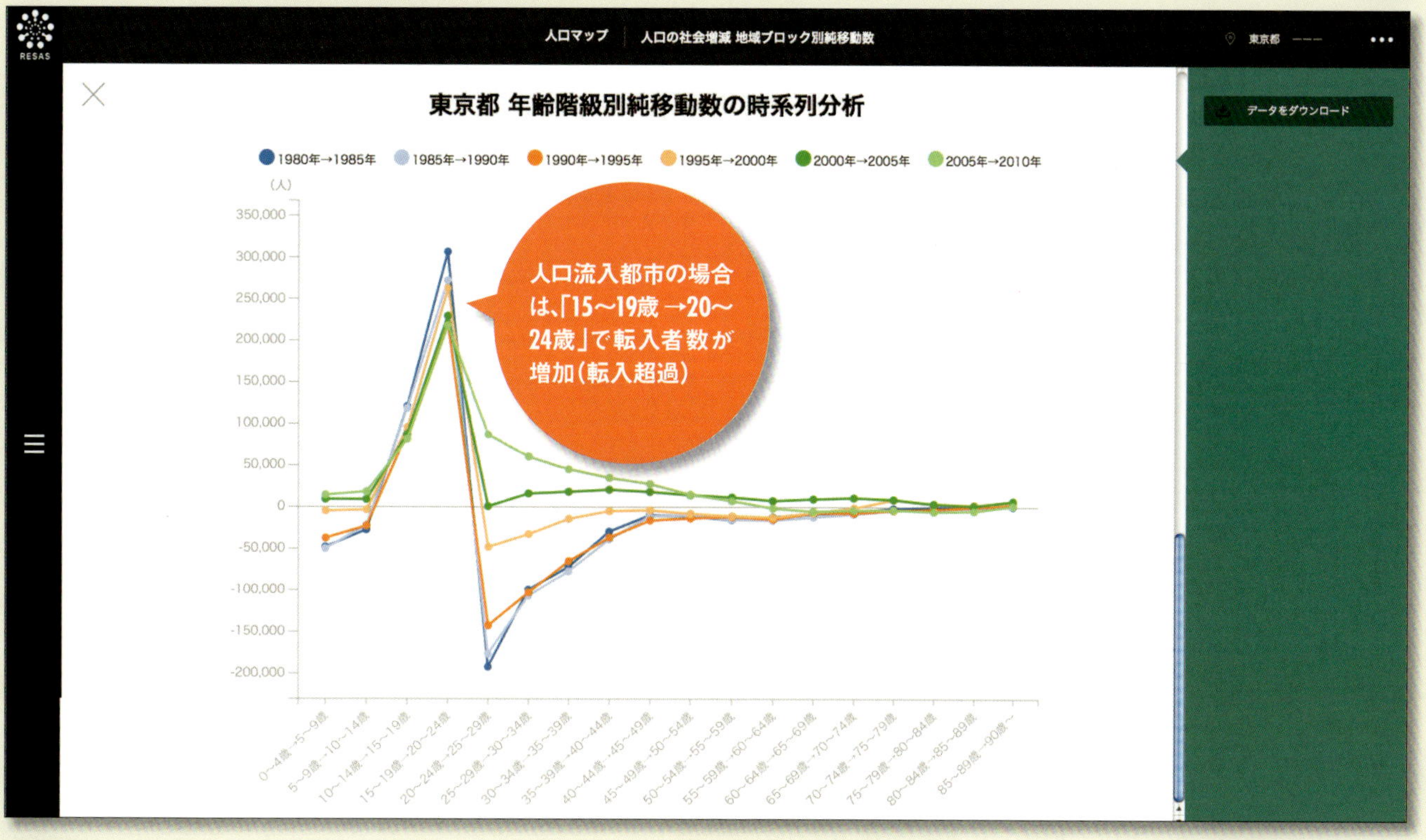

頃からUターンが促進されてきている。水色の1985年～1990年の時期と比較すると、その変化は明らかだ。

反対に、人口流入都市である東京では、2000年以降、全年代で流出より流入が増えており（＝転入超過）、そのうえ「20～24歳→25～29歳」で流入する人口も年々増加してきている。北海道のような人口流出都市にとっては、このようにして首都圏や大都市に流出してしまう若い世代を引き止めるために、地域内の仕事を活性化させることが重要になる。

未婚率の引き下げと同時に働き方の改革を

少子化対策については、政府が2030年の国民希望出生率として1・8という目標を掲げている。しかしその一方で、現実にこれを達成するのはかなり厳しいということが予想されている。そこで、出生率を高めることだけに躍起になるのでなく、既婚率にも目を向けることが重要になってくるのだ。

図5では、男女の生涯未婚率と合計特殊出生率の推移が示されている。出生率については2010年の時点でやや上向きに転じてはいるものの、生涯未婚率は今後も男女ともに年々高くなる見込みだ。だとすれば、生涯未婚の人を減らすことが出生率の改善につながる可能性は非常に高い。

これを受けて、近年、多くの自治体が地域内での「婚活」を推進している。データに見られるような20代・30代の未婚率の上昇を食い止めるというのが、昨今の婚活ブームの背景としてある。

さらに、人口減少・高齢化の激しい地域では、若い女性の地域定着に対する施策も同時に必要となる。そのためには、出産・子育てをしやすいような環境づくりといったことが一体の流れで求められる。

すなわち、人口減少と高齢化に対する各自治体の施策においては、若い世代の転出の抑止と、既婚率（出生率）の向上が両輪をなさなければならないということだ。

人口減少問題を人口だけで見るのではなく、「仕事」との関連で考えていく。出生率の目標を設定するだけでなく、育児の環境とそれに伴う働き方からの変革が大切だ。地元に根ざした事業の創出や、男女ともに働きながら子育てできるような職場の整備などがその例として考えられる。

以降では、3つの自治体の具体的な取り組みを見ていこう。

村井裕一郎さん
豊橋青年会議所
政策起案者

事例1｜愛知県 豊橋JC

定住人口を増加させる切り札
ファミリー世代へのメッセージ

子育てに優しいイクボス同盟

先端農業と独自技術を持った製造業が強みだが
付加価値訴求への取り組みの遅れが課題の豊橋市。
「子育てしやすい街」のブランドを確立して
専門性の高い人材の移住を促進する。

(こども未来館 ここにこ にて)

総人口

37万4883人

人口増加率

-0.47%

高齢化率

20.30%

合計特殊出生率

1.59

新幹線ひかり号も停まる駅前では路面電車が街の顔として親しまれている。温暖で昔から農業が盛んな歴史的な面と植物工場など最先端の技術が共存する街だ。

農業と製造業に強みがある東三河の中心都市

愛知県の南東部、渥美半島の付け根に位置する豊橋市は、８つの市町村で構成される東三河の中心都市として栄えてきた。新幹線ひかり号の停車駅でもあり、東京・大阪・名古屋の三大都市圏へのアクセスは良好だ。自動車の輸入金額・台数ともに全国1位の三河港の存在も頼もしい。

にもかかわらず強い危機感を抱いて「とよはし『イクボス』同盟」を立ち上げたのが、豊橋青年会議所の村井裕一郎さんだ。麹・麹菌などの発酵食品を製造する株式会社ビオックの経営者でもある。

「イクボス」とは、部下のワークライフバランスに配慮しながら、自らも仕事とプライベートを充実させ、組織としての業績も上げていく、そんな上司のことだ。イクボスの働き方を市内の企業に広げることで豊橋を「子育てしやすい街」にし、高度な専門技術を持つ人材の移住を促進するのが狙いだ。

豊橋の産業構造で特徴的なのは、農業と製造業が盛んなこと。

トマト、大葉、花《か》きといった産品で全国有数の産出量を誇る農業は、先端的な取り組みに秀でている。

「豊橋は古くからハウス栽培が活発なエリアです。その延長で、温度、湿度、養分、二酸化炭素量などの環境コントロールを行う栽培手法が発達してきました。地元で多い資材関連の製造業が、ハウス設備や環境制御技術といった農業分野での事業展開に取り組んできたことも影響しています」と、新産業創出を目的に設立された第3セクター企業である株式会社サイエンス・クリエイトの森高朋樹さんがこう解説する。

製造業に目を向けると、全国でも高いシェアを誇る独自技術を持った企業が数多くあるのも豊橋の強みだ。しかし、その一方で労働生産性は低く、全国平均を2割程度下回っている。「なぜなら付加価値を訴求していくマーケティングに力を注いでいないからです」と、村井さんはその要因を鋭く指摘する。例えば、花き。産出量が多いにもかかわらず、豊橋と聞いて花きを思い浮かべる人は県外にまずいない。

「極端な話をすると、東京のブランドが付いた花を豊橋の人が高いお金を出して買うのですが、実はその花は豊橋産だったりするのです。つまり付加価値分のお金は皆、東京に落ちてしまっているのです。付加価値訴求をできる人材が豊橋に来てくれれば、こうした状況は一変するはずです」と、悔しさをにじませる。

豊橋は食文化も魅力的。ちくわ、なめし田楽、ゆたかおこし、カレーうどんが有名。

女性が出産や育児で仕事を辞めずに働ける環境をつくりたいと考え、職場にベビールームとキッズスペースの設置を決めた。

キッズスペースのおかげで、制服の採寸をしている間、いっしょに来店した兄弟姉妹も退屈せずに待っていてくれる。

ベッドもあるベビールームは、授乳やおむつ替え、ミルクのお湯が欲しいときなど、従業員だけでなく来店客も使うことができる。

住みやすい街だと市民は評価
企業の子育て支援には遅れ

実は豊橋市民の街への満足度は高い。市が行った調査では「住みやすい」「まあまあ住みやすい」と答えた人が8割を超えている。待機児童はゼロ、子育て世代に向けた施設が多い、公立王国なので教育コストが低いと、優れた点が目立つ。逆に、市民からのマイナス評価もある。それは育児に対する企業の理解が欠けていることだ。

市もこの課題を解決しようと、子育て支援に積極的な企業に対する認定制度を開始した。制服・ユニフォームの販売を手掛ける株式会社ノズエでは、昨年、ベビールームとキッズスペースを設置し、市から認定を受けた。取締役の野末真澄さん自身、6カ月の男の子を育てながら経営に当たっている。

「働きながら子育てできる環境を確立していきたいと考えています。働き方は人それぞれなので、さまざまな形のサポートが充実するといいですね」と、イクボス同盟にも参加した。

村井さんも市の認定企業が増えることを期待しているが、中小企業にとっては難しい面もある。

「設備設置や残業時間削減を掲げると企業経営の負担になり敬遠されます。だから、イクボス宣言はあえて心構えにフォーカスした10のメッセージを打ち出しました。企業の意識を変えて、プライベートの時間を大切にする空気を街全体でつくっていきたいのです」

子育てしやすい環境は
福利厚生ではなく経営戦略

9月の結成式に58社が集まったイク

ボス同盟だが、3年後には150社に増やしたいと村井さんは意気込む。「シフトがはっきりした業種ならできるだろうけど、うちでは難しい」という雰囲気にしないため、全業種・全業態に参加してもらうことを重視している。

「子育てしやすい環境は福利厚生ではありません。むしろ経営戦略です。優秀な人材を呼び込むための戦略なのです。それに、プライベートを充実させ世の中への感受性を高めることは、これからのビジネスに不可欠。そのことを伝えたいです」と強調する。

イクボス同盟を広げるためのさまざまなプログラムも進行中だ。ノウハウを共有する「子育て企業出前授業」や、子育て関連施設のネーミングライツ販売など。毎月19日を「イクの日」として、イクボス同盟参加企業が率先してノー残業デーとする活動も始めた。

「5年、10年、もしかしたらひと世代かかるかもしれません。でもいつか、豊橋がモデルになって全国に波及してほしいという野心はあります。豊橋と聞いたら、まっさきに『子育てしやすい街』と思い浮かべてもらえるように取り組んでいきたいです」

それと同時にアピールしようとしているのが、豊橋は「キャリアが活かせる街」だということ。先端的な農業や優れた技術を持つ製造業があり、縁故のない人が移住してきてもしっかりした雇用の受け皿がある。今までのキャリアを活かして活躍できる街なのだ。

街と企業を変えることで移住者を呼び込む。移住者によって街と産業を変えていく。村井さんの挑戦は始まったばかりだ。

豊橋イクボス宣言

1. 社員の様々な事情に理解を持ちます
2. ダイバーシティなチーム運営を意識します
3. 新しい働き方に関する制度などの知識を積極的に身につけます
4. ライフを重視する文化をチームに浸透させます
5. 多様なメンバーがいる中で適切な配慮を心がけます
6. 欠員が出ても業務が回るチームマネジメントを意識します
7. 生産性の高い仕事に時間を捻出するようにします
8. 上司や経営層に対して自分の言葉で提言します
9. 結果を出すことを有言実行します
10. 自らもライフを充実させます

私は、部下の仕事とプライベートの両立を応援しながら、組織としての成果も出しつつ、自らも仕事と私生活を楽しむ、「イクボス」となります。

参加へのハードルを下げるため、制度的なことよりも、意識や価値観に関する項目を重視した。

イクボス先端企業に聞く

藤原裕丈さん

Fujiwara Hirotake

株式会社三光製作所 専務取締役

精密部品を製造する株式会社三光製作所では、made in Japan、made in Toyohashiにこだわり、技能継承を大切にしている。イクボスには独自の方法で5年以上前から取り組んできたという。

「妊娠中の女性は出退勤が自由。何時に来て、何時に帰ってもかまいません。子育てしている人は子どもが熱を出したらすぐに帰ってもらいます。シフト管理が難しくなるので部課長は大変ですが、退職によって技能が失われる方が損失です。全員が対象で、男女も問いません。残業もできるだけなくすようにしており、『お互い様・助け合い』の精神でサポートし合っています。残業減で収入が減らないよう、給料は一定の割合でアップしました。育児世代をひいきしているのではなく、全世代共通でプライベートを大切にするのが前提です。今は人材採用ができていますが、人口減少で今後はわかりません。働きやすい環境づくりは経営戦略の一環だと考えています」

軽薄短小型のものづくりは東三河の地域的な強み。三河港を擁することから、自動車関連の専門技術を持つ企業も多い。

豊橋市の課題と解決
数字で見る

交通面の強みにも支えられ、
農業と製造業が盛んな豊橋。
人口減はわずかにとどまっているが
将来的な人口減少リスクは大きい。

交通面の強みが薄れ人口減が加速するリスクに直面

豊橋市の人口は37万４８８３人。増加傾向が続いてきたが、２０１０年を境に減少に転じている（図１）。自然動態は長年プラスだったが、２０１５年にわずかにマイナスとなった。合計特殊出生率が１・59では、人口の自然減に歯止めがかからない。村井さんは「子育てしやすい街」にすることで、10年後の２０２６年までにこの数字を１・80まで高めたいと考えている。

社会動態は、三大都市圏への流出はあるものの、東三河の市町村からの流入も多い。２００４年からはプラスで推移していたが、２０１０年以降は毎年数百人程度の転出超過となっている。自然動態と社会動態を合わせた人口増加率は２０１０年と２０１５年の比較でマイナス０・47％にとどまっている。

豊橋は新幹線ひかり号の停車駅で、自動車では東名高速道路を利用しやすく、交通面の強みが大きい。それが東三河の中心都市として発展させた一因であり、人口減を小さくとどめている要因でもある。だが、村井さんはまさにこの点について危惧を抱いている。近い将来、交通面の強みを失う可能性があるというのだ。

２０１２年に新東名高速道路が一部開通、２０２０年には全線が開通し、神奈川県海老名市から愛知県豊田市ま

豊橋の人口は2010年をピークに減少

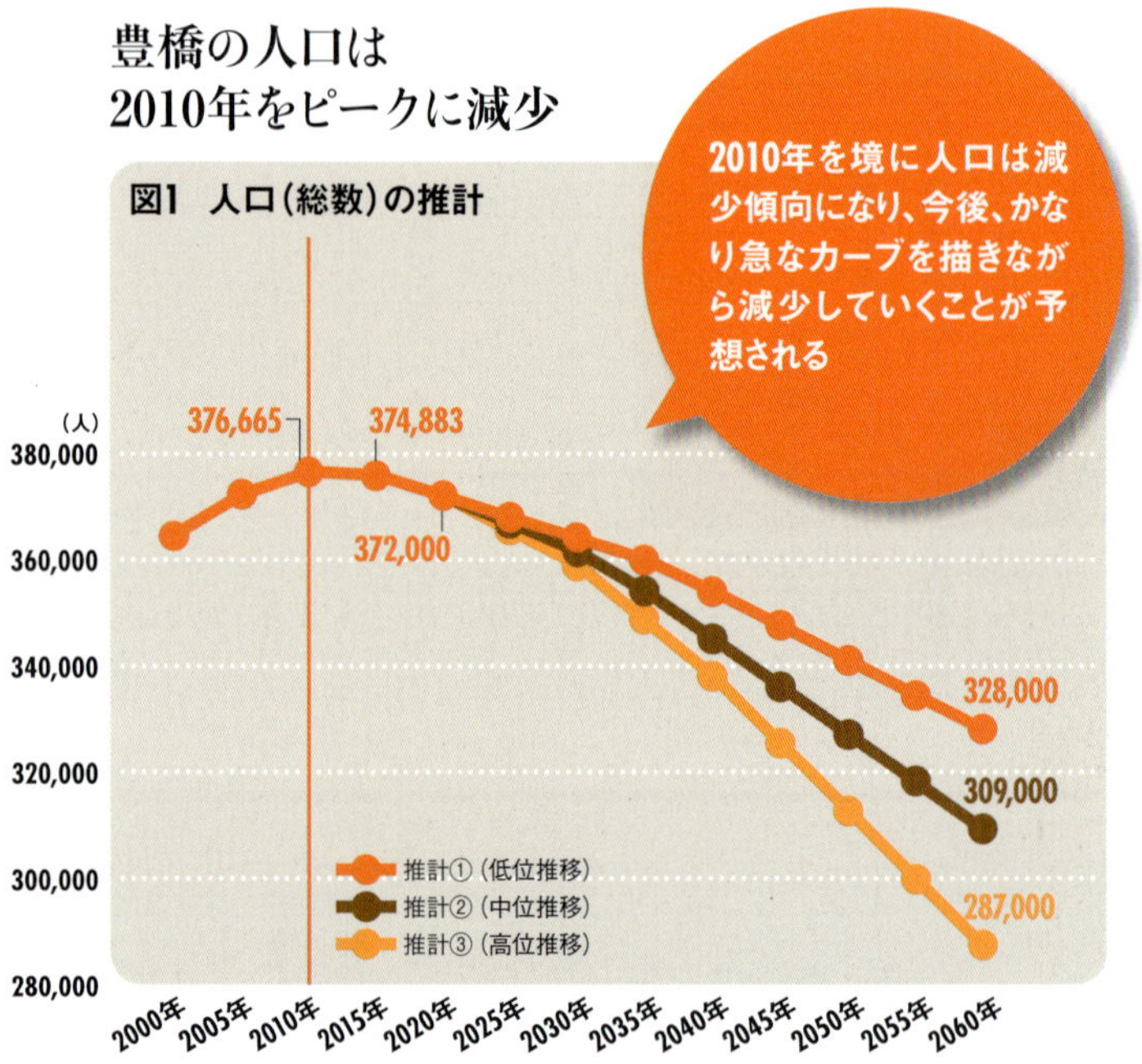

豊橋の人口は長野県長野市や群馬県高崎市とほぼ同じだ。合計特殊出生率1.59や大都市圏への流出傾向からすると、これからの人口の見通しは厳しい。「子育てしやすい街」に向けた取り組みは待ったなしだ。

出典／「豊橋市人口ビジョン」将来人口の推計（平成27年10月）をベースに、国勢調査の結果を加味して編集部にて作成

周辺からの流入も一定数あるが大都市圏への流出が著しい

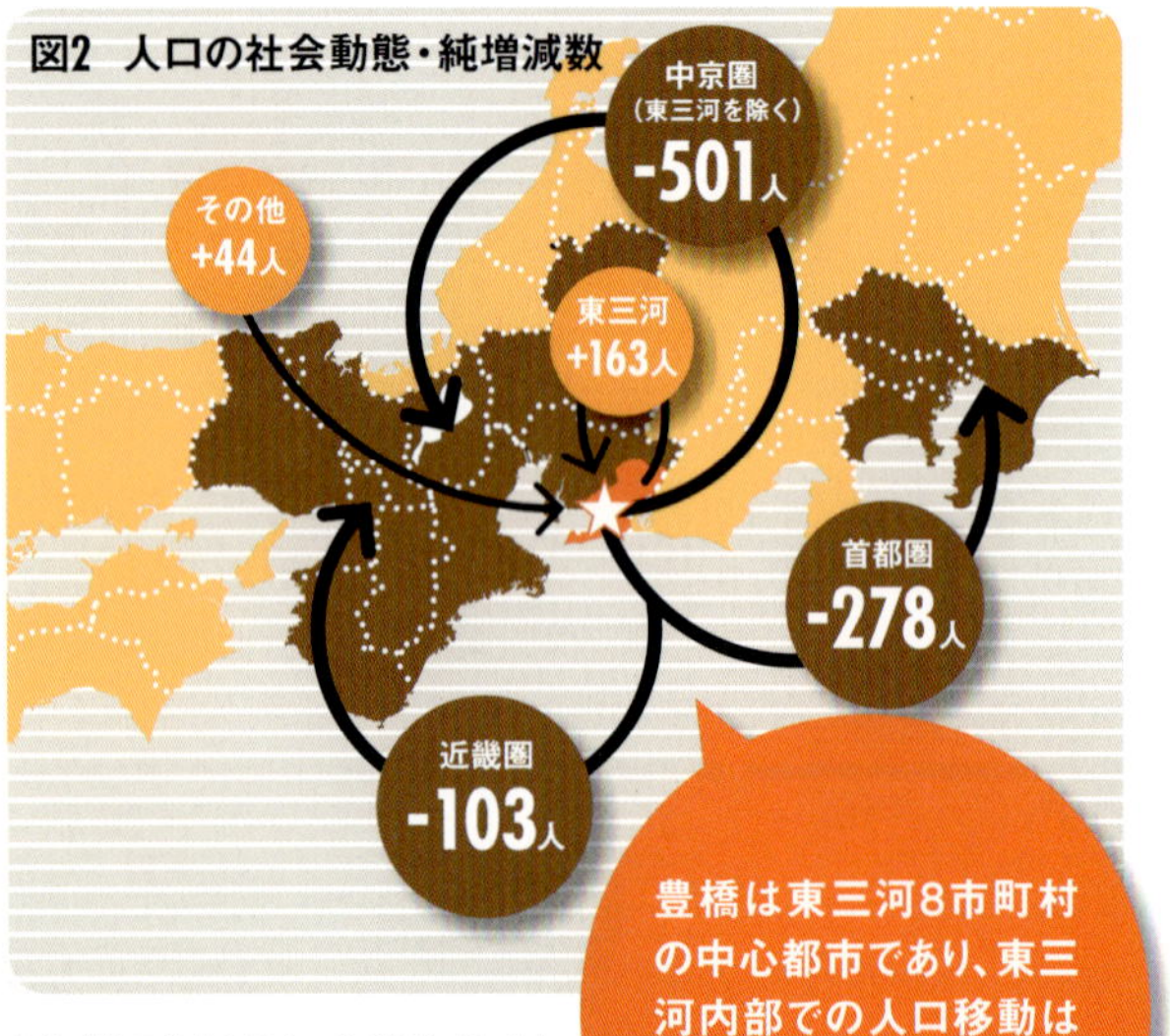
豊橋は東三河8市町村の中心都市であり、東三河内部での人口移動は純増だが、三大都市圏へは転出超過だ

出典／「住民基本台帳人口移動報告」第1表年齢（10歳階級）、男女、移動前の住所地別転入者数　−都道府県、市区町村（平成27年）

豊橋は農業と製造業の従事者が目立って多い

図3 従業者産業別特化係数

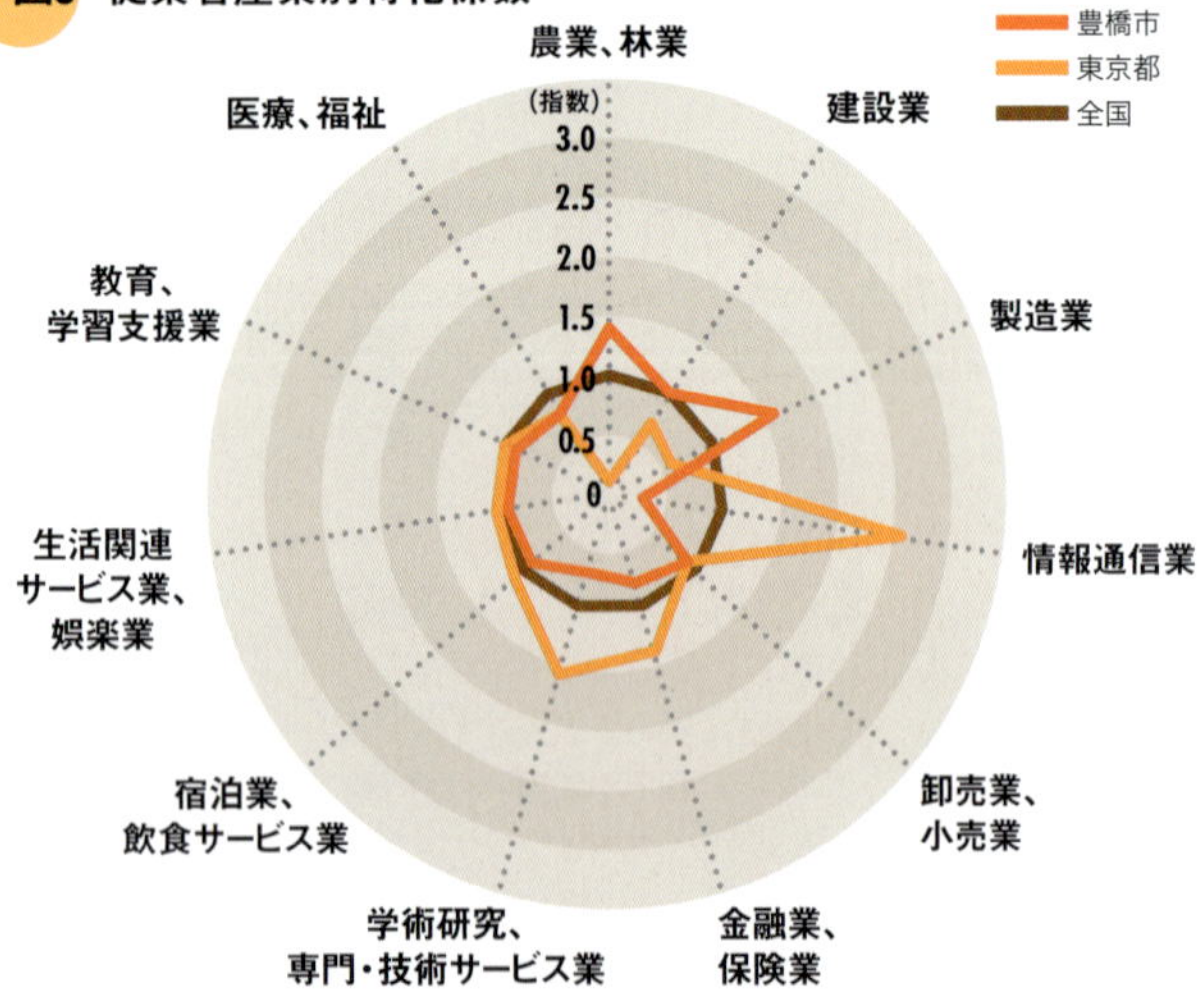

全国を１として産業別の従事者数の構成を係数で表したレーダーチャート。「農業、林業」「製造業」が豊橋の主要産業だとわかる。「情報通信業」の弱さも特徴的だ。

出典／平成22年国勢調査 産業等基本集計（労働力状態、就業者の産業など）

で結ばれる予定だ。新東名は東名高速道路のおよそ4km北を走るため、豊橋からはそれだけ遠くなる。東三河の自治体間での人口移動を見てみると、合計では豊橋市がプラス163人と純増だが（図2）、豊橋の北に位置し新東名が通る豊川市に対してはマイナス150人と純減だ。リニア中央新幹線もリスクになる。2027年に品川・名古屋間の開通が予定されており、長野県を通過するルートを通るため、豊橋周辺にメリットはない。むしろ東海道新幹線の価値が低下する恐れがある。

新東名、そしてリニアの開通と、豊橋の交通面の強みが薄れる可能性がある。そのときになってからでは遅いのだと、村井さんは危ぶんでいる。

農業と製造業が盛ん 労働生産性の低さが目立つ

産業の特徴をレーダーチャート（図3）で見ると、農業と製造業の従事者が多く、逆に情報通信業が非常に弱いことがわかる。

農業は今後の発展にも期待が大きい。国立の豊橋技術科学大学に先端農業・バイオリサーチセンターが開設された2006年以降、産学協同での取り組みが加速している。ただし、豊橋の農業はJAを通じた系統出荷が中心。三大都市圏まで車で2～3時間という地理的優位性があり、ブランド力を高める方向には向かっていないのが実情だ。

RESAS ＞ 自治体比較マップ ＞ 労働生産性（企業単位） ＞ 市区町村単位で表示する（愛知県豊橋市） ＞ グラフを表示

豊橋の労働生産性は全国・愛知県平均と比較して低い

図4

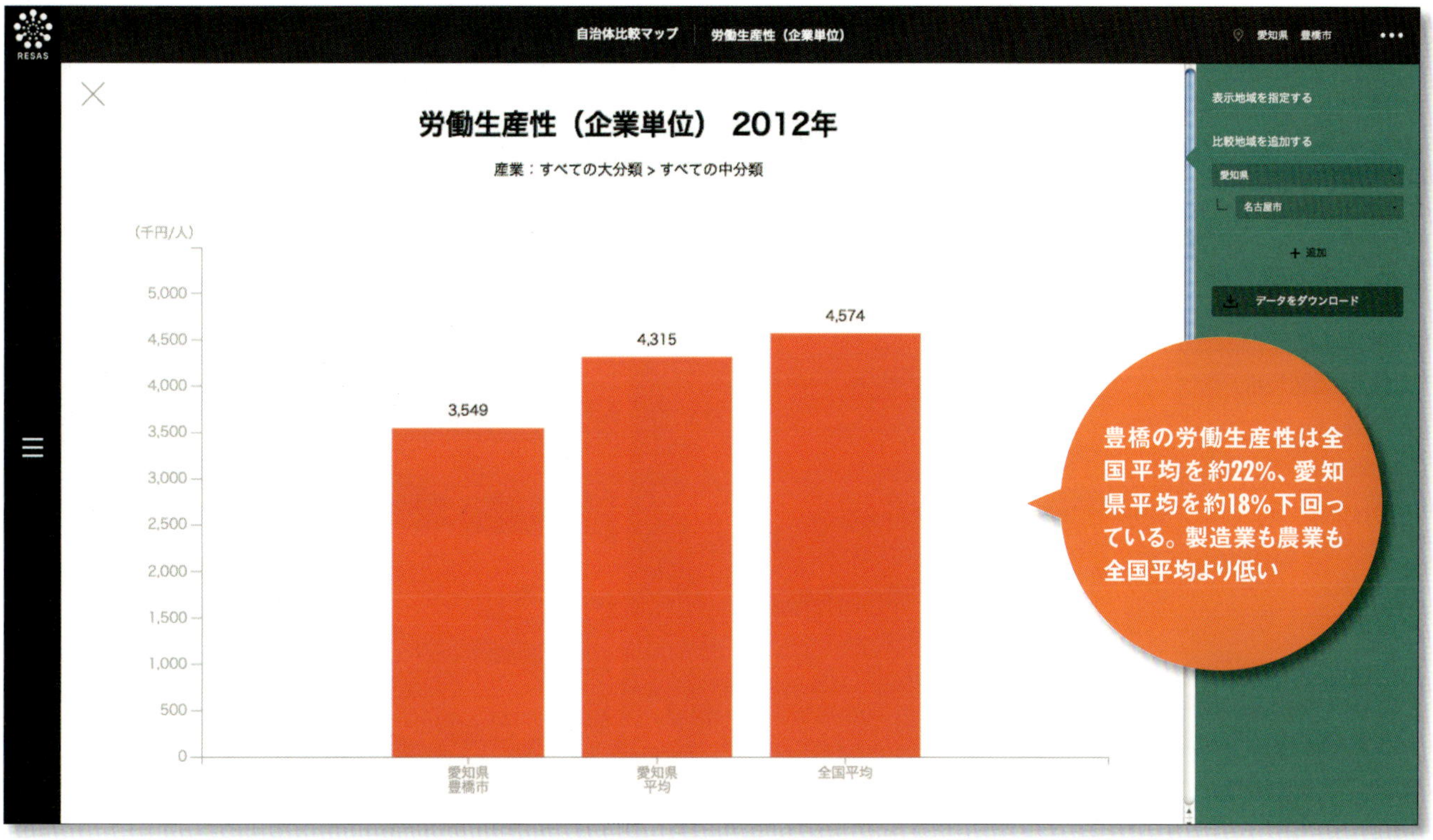

豊橋の労働生産性は1人あたり約355万円で、全国平均を約103万円下回っている（図4）。RESASで詳しくみると、製造業（約411万円）も、農業（約226万円）も、全国平均を下回っている。農業は先端的な取り組みに優れているだけに、意外な数字だ。

村井さんが指摘するように、マーケティングを重視し高付加価値化を目指すのは、産業の発展のために重要な方向性なのだろう。村井さんは人材を呼び込むことの重要性を繰り返す。

「今できていないということは、それを重視する価値観が街に欠けているからなんです。だから外部から、付加価値を訴求できる人材に来てもらうことが必要です」

村井さんは豊橋の労働生産性を全国平均まで高めるという高い目標を掲げている。「子育てしやすい街」「キャリアが活かせる街」というシティブランドの確立とともに移住者が増え、産業の付加価値を高めていく。地方中核市の発展という大きな課題に挑む豊橋から、目が離せなくなりそうだ。

事例2｜兵庫県 香住JC

人口減・産業力衰退を観光でボトムアップへ

新しい気軽な旅スタイル RVパークの聖地に

松葉ガニなど数多くのA級グルメを誇る兵庫県美方郡香美町香住。香住の滞在人口減少の打開策として考案されたのは、「キャンピングカー」を呼び込むRVパークの開発だった。景観のよい駐車スペース、長期滞在を呼び込む体験プログラムなど、新発想の事業内容を探った。

中村琢弥さん
香住青年会議所
政策起案者／理事長

総人口

1万8076人

人口増加率

-8.23%

高齢化率

33.10%

合計特殊出生率

1.70

「A級グルメ」のまち・香住交流人口拡大への一歩

兵庫県北部に位置し、日本海に面する美方郡香美町は、「山陰海岸ジオパーク」エリアに位置する自然豊かな地域で、地域産業もそれを活かして発展してきた。

なかでも、古くから漁業水産加工業のまちとして知られる香住《かすみ》エリア（旧香住町）は、近畿地方で唯一「香住ガニ（紅ズワイガニ）」が水揚げされ、「松葉ガニ（ズワイガニ）」と合わせて、全国1位の漁獲量を誇る。関西の人に「カニの産地は？」と聞けば、多くの人が「香住」と答えるほど、ブランド名は浸透しているのだ。

また香美町小代エリアでは「但馬牛」が畜産され、全国有数の「A級グルメ」の宝庫であることも、まちの自慢だ。町内には源泉を有する温泉もあるため、カニと牛という2大A級グルメを目玉に、地域ぐるみで観光宿泊業が推進されてきた。

住民人口の面では、香住もまた人口減少・少子高齢化の影響を受けている地域である。今後も、年少人口・生産年齢人口・老年人口の3つの世代にわたり人口が減り続けていくと予測されており、地場産業の将来的な後継者不足・労働力不足が課題とされている。

交流人口の面では、冬季はカニなどの海の幸を目当てに訪れる観光客やスキー客で賑わうが、夏季には観光産業が少なく、滞在人口が減少する傾向にある。また、飲食サービス業、いわゆるレストランが少ないため、午前中に観光客が宿泊先からほかのまちの観光地へと流出してしまい、朝9時をピークに滞在人口が減ってしまう。つまり昼間、まちに観光客のお金が落ちないというのも大きな課題だ。

つまり、まちの収入基盤である観光宿泊業では、年間を通じて、朝9時以降の滞在人口の確保という課題を抱えているわけだ。

こうした課題を踏まえて、今回、香住青年会議所理事長の中村琢弥さんが企画したのが「キャンピングカーの聖地『香住』の創造」事業だ。

ニッチな市場への着目と逆転の発想で弱点をカバー

「日本青年会議所の地域再興政策コンテストの募集が始まり、私たちも香住地区の課題解決を考えようということになりました」

エントリーにあたっては、2015年の政策コンテストでグランプリを受賞した北海道留萌JCの「音楽合宿の街」の政策も参考になったという。

香住は古くからカニ漁のまちとして知られている。一般的に、香住ガニの方が松葉ガニよりも甘みが強くみずみずしいとされ、収穫時期も早い。どちらも山陰地方の冬の味覚として非常に有名。漁港ではセリ市が行われ、毎年9月には獲れたての香住ガニの味を無料で堪能できる「香住かにまつり」も開催されている。

年々保有台数が増加しているキャンピングカーは、宿泊場所に悩まされることなく大自然の中で自由な旅を楽しめる。(写真：Pixta)

「留萌JCら受賞（P20参照）の経緯やその後どうだったかという話を聞き、JCが主体となり、行政や地域の方も一体となったというのは本当にすごいことだなと。僕らもぜひやりたいと触発されました」（中村さん）

香住地区の人口は約1万2000人だが、青年会議所も11人と少人数で構成されている。組織全体のフットワークの軽さが綿密な計画の立案につながった。

「政策の草案は私が書き上げて、その後全員で意見を出し合って考えました。大きい青年会議所には負けないところがあると思っています」

ではなぜ、中村さんはキャンピングカーに着目したのだろうか。ヒントをくれたのは、佐賀県武雄市の元市長である樋渡啓祐さんとの、こんな会話だった。

「樋渡さんを講演に呼んで香住まで送迎をしたときに、これからはキャンピングカーの時代だよといわれました。香住は最寄りの高速道路ICから70分ほどかけないと来られませんが、一般道に降りてからは、自然豊かな山並みや川が続いて最終的に雄大な日本海が見えてくる、という景色の移り変わりがすごく良いと。高速道路網のミッシングリンク（空白地）であることを逆説的に利用して、大自然を体感できる一般道をアピールする。そういう見方があることに気づきました」

（上）RVパークを設置予定の海浜公園「しおかぜ香苑」。日本海を望むロケーションはキャンプに最適。（下）事業パンフレットの表紙。キャッチコピーは「停まれば別荘、何かがありそう」。

実際、キャンピングカーの国内市場は年々拡大している。全国の保有台数は毎年5000台近く増加し、10年間では倍の伸びを見せている。いまだ10万台前後と発展途上ではあるものの、「ニッチな市場を狙って、香住がそのパイオニアになろうという考えがありました」と中村さん。

また、キャンピングカーの保有者は、主に仕事をリタイアした、比較的時間と金銭に余裕がある60代を中心とした世代だ。つまりキャンピングカー市場は何よりマーケットとして有望で、彼らの求める「自由で気楽な旅」を提供することで香住の地域内消費拡大が期待できる。加えて、観光客がキャンピングカーで寝泊まりしながら移動するということは、香住に宿泊飲食施設が多くないという弱みがカバーされることになる。

こうして、香住をキャンピングカーの聖地にするというアイデアの土台が固まった。

長期滞在の促進とともに新たな雇用の創出も

プロジェクトの具体的な施策としては大きく分けて3つがある。

1つは、日本一の利用台数を誇る「RVパーク」の設置だ。キャンピングカー普及のためには、RVパークと呼ばれる専用の駐車スペースが欠かせない。というのも近年、キャンピングカーユーザーが公共の駐車場やサービスエリアに不当に長期滞在して、生活ゴミを不法投棄するなどの行為が問題視されている。そのため、たとえ有料だとしても安心して車中泊ができる公認エリアの需要が高まってきているのだ。中村さんはこの施設を、香住海岸の海浜公園「しおかぜ香苑」に設置することを考案した。

「ここは当初、庁舎や土産物店、地元特産物の展示を集めて建てようという計画があって海を埋め立てした場所なんですが、長期間、計画が完遂されず空き地になっていたんです。それでなんとか有効活用できないかと考えました。駐車スペース、24時間利用可能なトイレ、近隣に入浴施設があるという点ではすでにRVパークの条件を満たしているので、あとは100V電源とゴミステーションを設置するだけなんです。海を望むロケーションも大きな魅力ですね」

RVパークの設置によって新たな人の流れを生み出せるうえに、施設の維持管理を民間の観光業・宿泊旅館業で組織される香美町観光協会が担うことで、新たな雇用を生み出すことが期待されている。また、将来的には山エリアも含めて、町内に複数整備することで長期滞在の周遊プランを提供していくことも構想されている。

次に、非日常を体感する「長期滞在型観光体験プログラム」の提供だ。

「観光体験プログラムは、これまでも単発では行われていたんですが、それらをAコース、Bコースのような形でセットにして、観光協会の窓口で相談に乗りながら提供できないかと考えています。事前に下調べせずにふらっと来ても楽しめるような仕組みづくりをしていきたいです」

そして最後が、〝日本一食材〟が輝く「地元食材パック」の提供である。

「香住には飲食サービス業が少なく、特に朝食を提供してくれるお店がありません。そこで、カニや但馬牛といったA級グルメをお皿1つにパックにして、小売店や直売所で売り出すことを提案しました。キャンピングカーユーザーの中には、スーパーで買い物をして地元の食材を調理することを好む方たちも多いので、手軽に楽しんでもらえればと思っています」

このプロジェクトは交流人口・滞在人口の拡大のほかにも、新たな産業と雇用を生み出して若い世代をまちに定着させていくことも一つの目的としている。中村さんは、最終的には「キャンピングカーの聖地」事業を、兵庫県北部で深刻化する若年層の流出の改善にもつなげていきたいと話す。

「大学や専門学校、短大といった教育機関が県の北部にはほとんどありません。高校を卒業すると8割の人がまちを離れ、そのうち3割しか戻ってこないんです。まち全体の魅力を活かして、若い世代が帰ってきたくなるような交流のかたちをつくることができればと考えています」

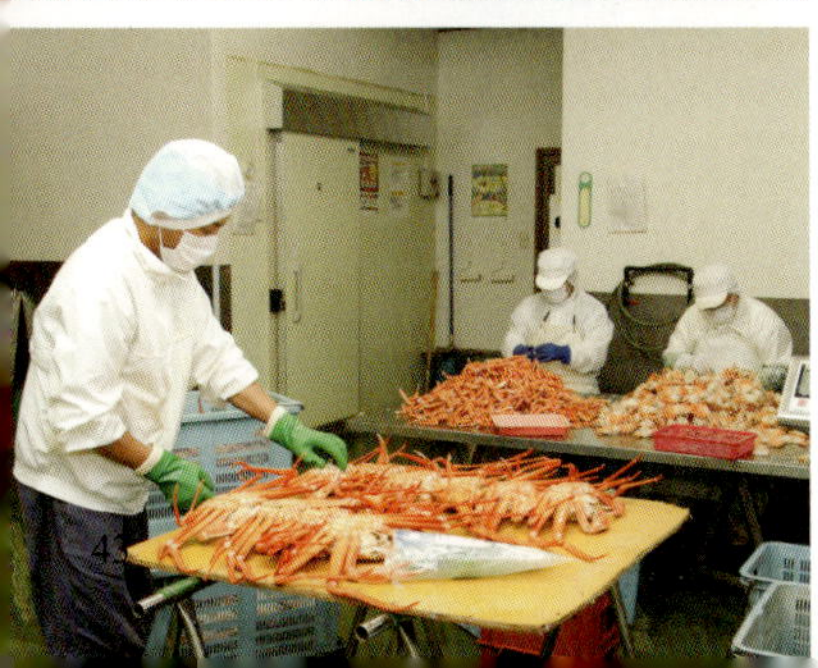

水産加工・製造業は依然としてまちにとって大きな雇用の場だ。(上) カニ味噌・松葉ガニ・香住ガニなどの加工、販売を手掛ける(株) 丸共食品の専務取締役 瀧川裕史さん。(下)工場での加工の様子。

香美町の問題と解決まで
数字で見る

松葉ガニ・香住ガニを代表とする
海の幸が魅力の香住。
観光業が盛んであるにも関わらず、
滞在人口にある問題を抱えていた。

強みの観光宿泊業を伸ばして空白時間の滞在人口増加へ

香住がある香美町の人口は、国勢調査によると2010年からの5年間でマイナス8・22％の減少を見せており、その増減率は県下41市町中38位。「自然減」と「社会減」の2つの減少要素が重なり、今後も人口・世帯数ともに減少傾向にあると推測されている。また香美町は、2040年の2010年比若年女性減少率が63％と推計されている、いわゆる「消滅可能性都市」の一つでもある。さらに、高校生の約8割が進学や就職を機にまちを出てしまうなど、若年層の流出による打撃も無視できない状況だ。これらに加え香住が抱えている重要な問題として、交流人口をめぐる観光宿泊業の弱点があった。

RESAS ＞ 観光マップ ＞ 滞在人口率 ＞ 休日の動向を表示する（兵庫県香美町） ＞ グラフを表示

冬以外は観光客が激減する

図1

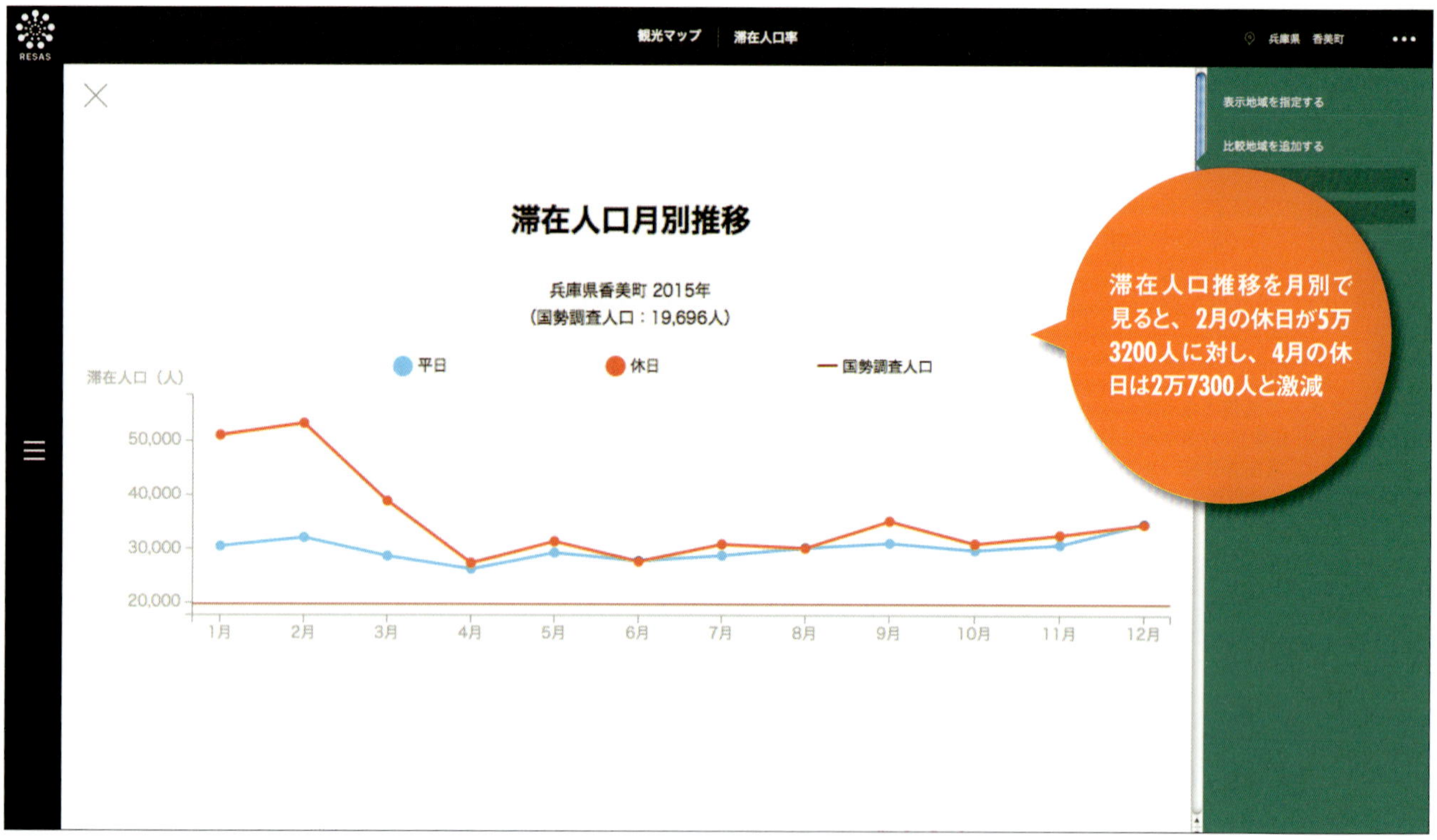

RESASの観光マップで香美町全体の滞在人口率の推移を見てみよう。月別では、休日の滞在人口が1月、2月の時期に最も多いものの4月にかけて急激に減少し、12月まで低迷が続いていることがわかる（図1）。このことは、観光産業を冬場のみのカニ漁に依存していて夏場の観光産業が少ないことに起因している。時間別では、平日・休日ともに朝8時頃までの滞在が多く、昼間の時間帯を境に顕著な減少を示している（図2）。香住には飲食サービス店が少ないため、午前中に観光客が宿泊先から他のまちの観光地へと流出してしまうのだ。

そもそも、香美町の産業別特化係数（付加価値額）を見ると、全国平均1に対して漁業は69・3、宿泊業は15・8、食品製造は6・1と、3部門が全国平均を大きく上回っている（図3）。つまり香住の産業的な強みは漁業を中心とした観光業にあることが確認される。

では、どうすれば今後も観光宿泊業に特化した地域経済をつくることができるのか。中村さんを中心とする香住青年会議所のメンバーが注目したのが、近年市場を伸ばしているキャンピングカーだった。

キャンピングカーユーザーは、一般

の観光旅行と比較して2泊3日以上の長期旅行を体験していることが多いことから、彼らを呼び込むことで現在の空白期（夏季・昼間）の滞在人口増加が期待できる。「キャンピングカーの聖地」プロジェクトは、香住の交流人口をめぐる問題に対して有効に対処できると考えられたのだ。

なかでも、あまり活用されていない、海浜公園などの既存のスペースを「RVパーク」へと転換するという提案は、本プロジェクトの画期的な点の一つだ。

キャンピングカーの利用に必須となるRVパークは、年々ニーズが高まっていることで知られている。「キャンピングカー白書2014」の調査によると、RVパークが「旅行先にあれば積極的に利用したい」と答えたのは、キャンピングカーユーザー全体の66・6％を占めている。「気が向いたら利用したい」と答えた22・2％と合わせると、ユーザーの約9割がRVパークの利用に前向きな姿勢を示していることになる（図4）。

年間・昼夜間を通した交流人口の拡大に加え、空白地の有効活用を行うことで地域全体の魅力づくりに貢献していく。香住の今後に期待が集まるばかりだ。

RESAS ＞ 観光マップ ＞ 滞在人口率 ＞ 休日の動向を表示する（兵庫県香美町） ＞ グラフを表示

夜間の滞在人口が少ない＝宿泊客が少ない

図2

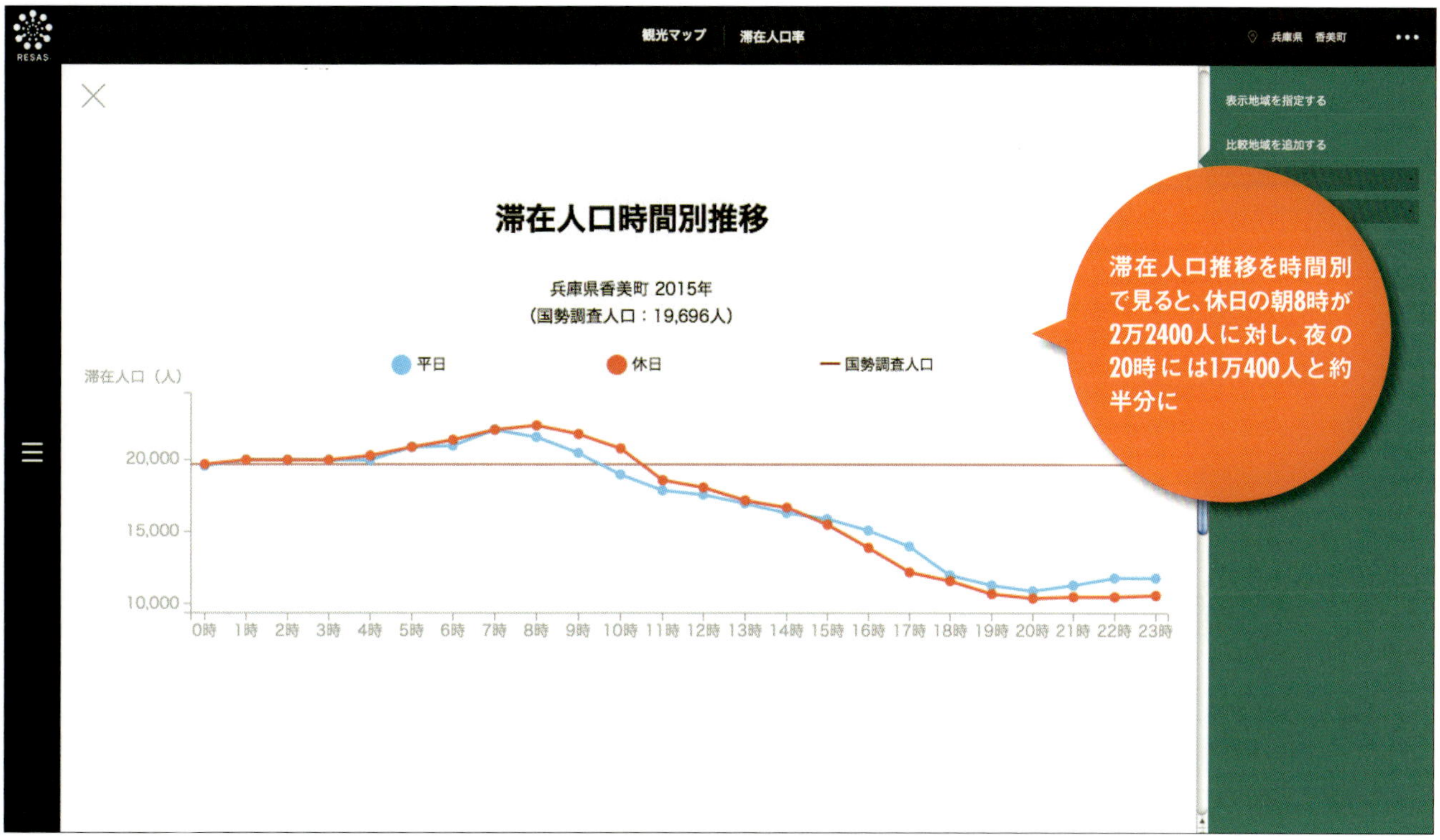

ニーズが高まる「RVパーク」

図4 RVパークを利用したい人の割合

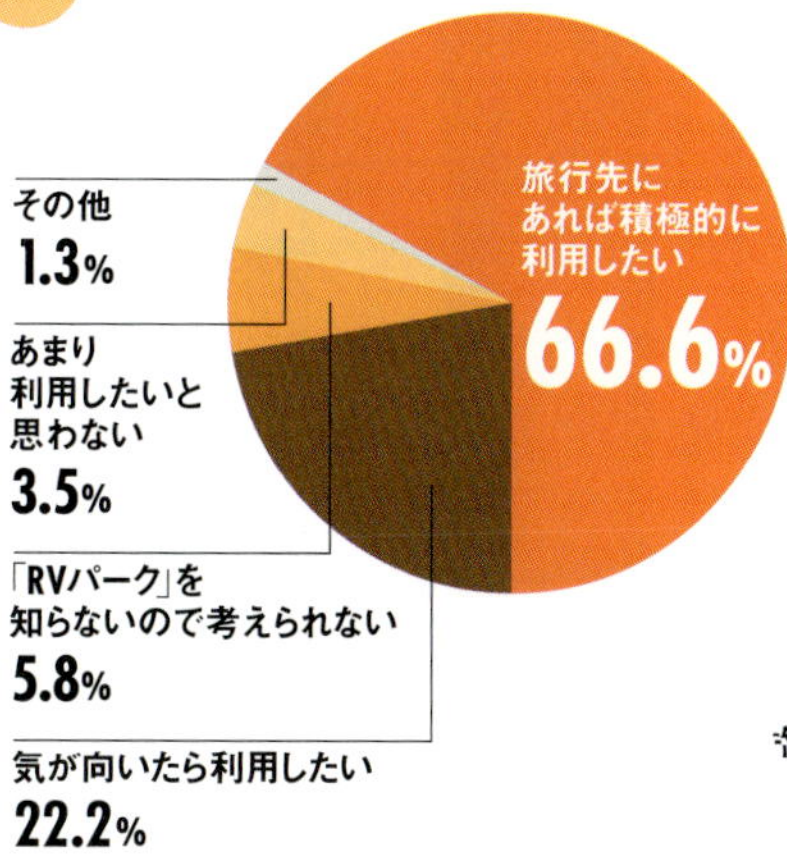

RESAS ＞ 産業マップ ＞ 稼ぐ力分析 ＞ 市区町村単位で表示する（兵庫県香美町） ＞ グラフ分析 ＞ データをダウンロード ＞ 「トップ画面_市区町村_業種中分類」より作成

漁業、宿泊業、食品製造の3部門の付加価値が高い

図3

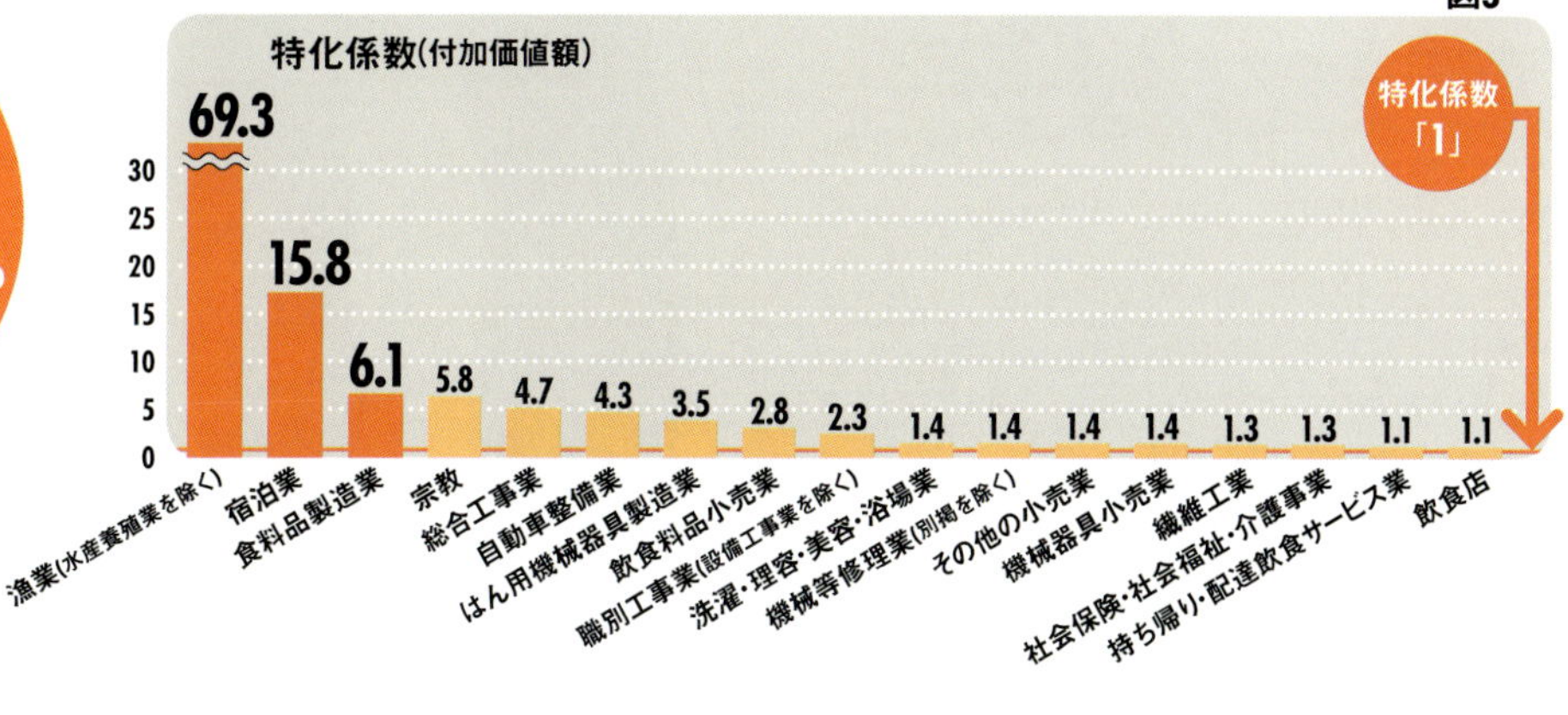

図4 出典／キャンピングカー白書2014／調査対象は日本RV協会会員のキャンピングカーメーカーおよび販社103社<回収 96社、回収率 93.2%> HPより抜粋

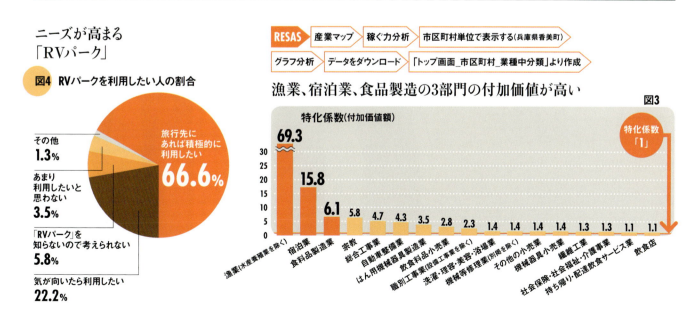

事例3 | 兵庫県 小野加東JC

20代後半の人口流出をUターンで解決
「+5歳成人式」で地元回帰を促進！

「地域再興政策コンテスト2016」でグランプリを獲得した小野加東青年会議所の政策案「＋(プラス)5歳成人式」。“成人式のまち”というアピールポイントを活かし、就職などで都会へ出て行った若者のUターンを促す政策を解説する。

右／松井大典さん
小野加東青年会議所
理事長

左／上月克己さん
小野加東青年会議所
政策起案者

総人口

小野市	4万8605人
加東市	4万332人

人口増加率

小野市	-2.16%
加東市	0.38%

高齢化率

小野市	22.40%
加東市	22.05%

合計特殊出生率

小野市	1.52
加東市	1.54

20代の若者の転出超過を「成人式」で解消する！

　兵庫県の中部に位置する小野市・加東市は神戸市から車で約1時間、中国自動車道のインターチェンジもあり大阪や京都など関西大都市圏からの地の利もよい。これは地方都市としてはまずまず恵まれているように見える。しかし政策起案者の上月克己さんは、小野加東の課題についてこう話す。

「どの地方都市にも共通することですが、若者の人口流出が大きな課題です。小野市・加東市においても、大学を卒業して就職をするタイミングで、多くの若者が神戸や姫路をはじめとした都会へ出ていってしまうのです」

　小野加東青年会議所のメンバーである上月さんは、加東市役所の職員という立場もあり、以前から地方創生には関心が強かったという。そんな中で地域再興コンテストを知り、直観的に思いついたのが〝30歳の成人式〟だった。

「20歳の成人式の10年後にもう一度ふるさとに集まる30歳の成人式は、地域創生の側面も大きく、全国的に広まりを見せています。一方、小野市は『成人式大賞』において2004年以来13年連続受賞、2009年には大賞を獲得しています。加東市も2016年に初めて成人式大賞に申請し、成人式企画賞を獲得しました。こういったことから小野加東は日本で一番成人式に力を入れている自治体といっても過言ではありません。そこで30歳の成人式を小野加東で開催するという発想が生まれました」

　上月さんは加東市役所の成人式担当で、自身の年齢も30歳に近づいているため、そうした中でこの政策案が生まれたのは自然なことだった。

　さらに上月さんが着目したのは小野加東の転出データだ。

「20代の中でも20代前半の転出超過数はかなり大きい。しかし25～29歳の転出超過は約30人。この数であれば転出超過0を目指すのも難しくない、そう考えたのです」

　こうして25歳で成人式を行い地元に戻るきっかけをつくり、若者のUターンを促すという政策の大枠ができた。

20歳の成人式では、震災への寄付を募ったり、ペットボトルのキャップを集めて世界の子どもにワクチンを届けるなど、さまざまな社会貢献活動が高い評価を受けている。

※1879年に加東郡が発足。その後小野市が発足し加東郡から離脱した。さらに2006年には3つの町が合併し加東市が発足した。こういった歴史から小野市と加東市の2市にまたがった形で小野加東青年会議所は活動をしている。

仕事や子育て環境など まちの強みを再確認

こうして「+（プラス）5歳成人式」という枠組みを考えたものの、単なるイベントに終わらせることなく実際のUターンにつなげなくてはならない。そのためには小野加東のまちに戻ってくることで、どういった利点があるのかをアピールする必要がある。

「小野加東のメリットは、まず仕事が豊富にあることが挙げられます」と上月さん。2010年の国勢調査によると、小野市と加東市の合算で、夜間人口8万9861人に対して昼間人口が9万3351人。夜間よりも昼間の人口の方が多いということは、周辺市町村から小野加東に働きにきている人が多いということを指しており、小野加東には就業の場が豊富であると考えた。

「小野市には小野工業団地、加東市にはひょうご東条ニュータウンインターパークをはじめとした工業団地も多く、また、働き手が不足していると小野市長も議会で話しています。こういった人員不足の場と、地元に帰って働きたいという人とのマッチングができればベストというわけです」

次に環境面を見てみると、中国自動車道をはじめ山陽自動車道と国道が2本通り、神戸や大阪などの大都市にも1時間前後のため、休日などに気軽に出かけることができる。自家用車を持つ人にとっては非常に便利といえる。

また小野加東の大きなアピールポイントは、子育て環境のよさだ。例えば認定こども園、保育所が多く待機児童はゼロ。親は心配せずに子どもを預けて仕事をすることができる。各小学校にはアフタースクールも用意され、児童館なども充実。兵庫県内の他市に先駆け、小野市では医療費の全額助成制度が高校3年生までと大幅に期間が延長された。

さらに教育面においても、小野市では東北大学の川島隆太教授による脳科学理論に基づいた小中一貫教育を推進している。一方で加東市も2021年より小中一貫校を順次開校予定だ。こういった先進的な制度を積極的に取り入れていることからも、教育に熱心な地域だとわかるだろう。

「制度の面だけでなく近所がみんな顔見知りという地域も多い。そういった点では地域全体で子どもを見守っている安心感があると思います」と話すのは小野加東JC理事の松井大典さん。安全面も抜群で、小野市に警察署ができたのは2015年と、つい最近のことだという。翻せば警察署がなくても大丈夫なほど安全なまちだといえる。

「若いときに都会に憧れるのはごく自然なことです。でも就職をして少したって見えてくる都会のネガティブな面もあるでしょうし、結婚や出産をすることを考えると、地元の子育てがしやすい、安全な環境の魅力に改めて目がいくのではないでしょうか。また年を重ねると、都会で忙しく仕事をするより、地元でワークライフバランスのとれた働き方をするのはどうかと考えることもあるでしょう。そういった人たちにぜひ戻ってきてほしい。だからまず、+5歳成人式を小野加東の魅力の『気づき』の場にしたいのです」

（上）小野加東には多くの工業団地が。写真は加東市の「ひょうご東条ニュータウンインターパーク」。（中）小野市にある「ひまわりの丘公園」。大型遊具、噴水などがあり家族で楽しめる。（写真：小野市観光協会）（下）教育環境のよさは兵庫県内随一。（写真：Pixta）

＋5歳成人式の実現に向けた課題とその先の展望

「小野市・加東市ともに、20歳の成人式は成人する当事者たちが実行委員となって運営をしています。これは年齢の離れた大人が考えるよりもよい会ができるという理由からですが、こういった20歳の成人式の運営におけるノウハウを有効活用しながら、25歳による25歳のための成人式にしたい。まずは、第1回を来年（2017年）に開催することを目標にしています」と上月さん。

開催場所は、クラブハウスを含めたゴルフ場が第1候補だという。兵庫県はゴルフ場が全国で3番目に多く、小野加東には21のゴルフ場がある。プロのトーナメントも開催される〝ゴルフのまち〟なのである。

「まず、クラブハウスの豪華さが、成人式開催の場として大きな魅力です。もうひとつには、若者のゴルフ離れが進んでいるといわれているので、＋5歳成人式をゴルフ場で開催することで、ゴルフ場に行ったことのない若者たちが、その魅力に触れる機会をつくり、ゴルフのまち出身ということにも誇りを持ってほしいと思っています」

＋5歳成人式の内容について聞くと、「まだこれから具体的に考える段階ですが、Uターンを促すような企画、例えば転職や起業のブースをつくって仕事を紹介するとか、実際にUターンをした人に話をしていただくとか。堅苦しいばかりだと人は集まりませんし、バランスが難しいところではありますが、単なる同窓会で終わってしまわないように、実行委員にある程度ゆだねつつ道筋をつくっていければと思います。まずは成人式に来てもらわないと始まりませんので、当然企画内容は大切ですが、成人式という場で疎遠になった旧友と再会することは、それだけで大きな魅力となるでしょう。参加の理由はさまざまでも、この成人式を通じて小野加東の魅力を再発見してもらい、『地元で働く・暮らす』という選択肢があるということをきちんと伝える、それがこの政策の第一歩だと思います」と話した。

この政策がグランプリをとった理由の一つに、実現可能性の高さと他地域への横展開の容易さがあるという。＋5歳成人式を小野加東で実現することで、同じようにUターンを促進したい他の地方都市への広がりも期待できる。この試みは今、一歩を踏み出したところである。

Uターン者に聞く

宮永信秀さん
Miyanaga Nobuhide
株式会社ダイイチ 代表取締役

小野市の古くからの伝統的工芸品である「そろばん」。その生産量は全国1位、全体の生産の約7割を占めている。そんな小野市で創業107年の歴史を持つそろばん製造販売会社「ダイイチ」の代表取締役社長を務める宮永信秀さんは、大学を卒業してから約6年間、姫路で新車のディーラーに勤務をしていたが、3年前に小野市にUターンをした。

「自分の両親も含め、まちの職人もどんどん高齢になり70歳以上の方がほとんどです。そろばんのまちで、代々そろばん作りをしてきた家に生まれ育ちましたし、自分が継ぐしかないと思いました」

そうして実際に小野市に戻り生活をする中で、改めて地元の暮らしやすさに気づいたという。「娘が3人いるので、医療費が高校3年生まで無料というのは本当に助かる。また年配の人が多いまちですが、そういった方たちが仕事をしている親の代わりに子どもの送り迎えをしてくれたりと、自然と助け合いができる環境なのがうれしいですよね」

Uターンについては、「家族持ちであれば生活のしやすさは大きなメリット。でも単身者にとってはなかなか利点を感じづらいかもしれません。そういう意味では地場産業がもっと頑張って、仕事の心配をせずまちに戻ってこれる環境をつくらないといけないと思っています」と語ってくれた。

（左）作業場でそろばん作りをする宮永社長の実弟、孝信さん。
（右）カラフルなそろばんは宮永さんの会社のオリジナル。好きなパーツを選んでオリジナルのそろばんを作ることができる。

小野市・加東市の課題と解決まで
数字で見る

20代前半の若者の
人口流出が著しい小野加東。
多くの地方都市が同じ悩みを抱える中、
データが教えてくれる現状を
見ていこう。

世代別に見る人口流出の数値と分析

小野市・加東市の両方を足した総人口は2000年の9万人超をピークに、減少に転じている。RESASで見ると2040年には7万8381人と、1万人程度の人口減が推測される。また生産年齢人口、年少人口はともに減少していくが、老年人口は増加の一途をたどり、人口減と少子高齢化が大きな課題となっている。

こうした流れを踏まえ、RESASの人口マップで小野市の年齢階級別純移動数（図1）を見ると、15～19歳→20～24歳の転出超過は310人と、他の年齢層と比較すると圧倒的に多い（2005→2010年）。次に、20～24歳→25～29歳でその数字を見ると、大きくその数が改善していることが明確に分かるだろう。

続いて小野市・加東市の転入・転出数の合算の数値を細かく見てみよう（図2）。20～24歳での転出者数は615人と、全体の中で最も高い数値だが、次に高いのは25～29歳の558人だ。しかし、この年齢区分では転入者も528人と、20代後半でまちに戻って来る人が一定数いる現状が読み取れる。転入数と転出数の差は30人だ。

政策起案者の上月さんは、この数字の僅差に注目し、転出超過の解消ができると踏み、その誘導戦略として、「＋5歳成人式」を提案したのだ。これに

RESAS ＞ 人口マップ ＞ 人口の社会増減 ＞ 市区町村単位で表示する（兵庫県小野市） ＞ 転出超過の状況を表示する ＞ 人口移動（グラフ分析）

20代前半の転出数が極端に多い（小野市の例）

図1

25～29歳の転出超過=30人
➡［目標］2020年には0人に

図2 小野市・加東市の転入者数・転出者数（合算）

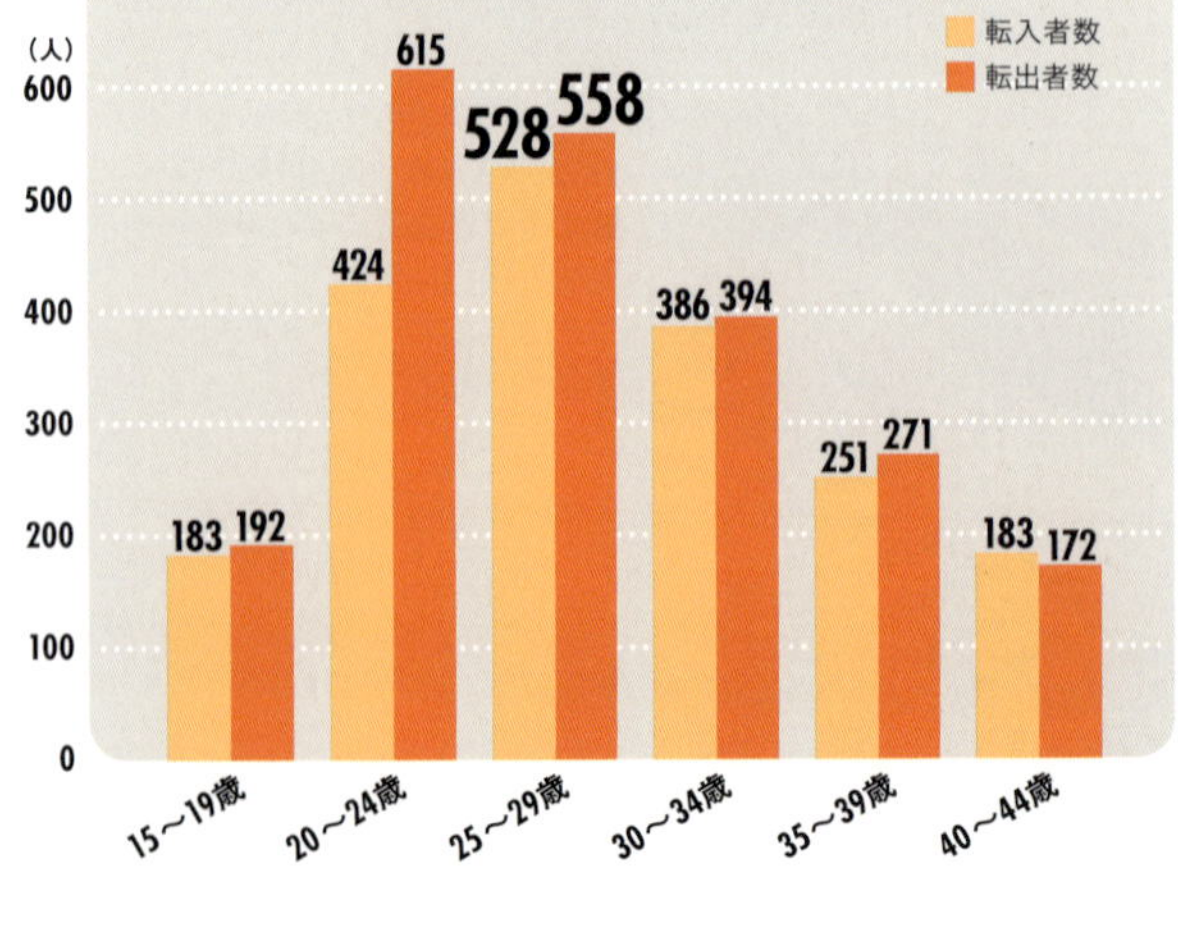

出典／総務省「住民基本台帳人口移動報告」（平成27年度）

より、20代後半のUターン者が増えれば、まず生産年齢人口が増加する。彼らが結婚・出産をすれば年少人口も増加し、それに伴い老齢人口の割合の増加を抑制できる。こういった分析から、政策の目標を〝20代後半の転出超過を5年で30人から0人に〟としたという。「30人を0人にという数字は一見地味と思われるかもしれませんが、人口が約9万人、人口減少が緩やかな小野加東では、これだけで大きな効果があるだろうと考えています」

主要産業の現状と今後の見通し

Uターン者を受け入れる小野加東の産業を確認しよう。RESASの地域経済循環マップで見ると、2010年の加東市の生産額（総額）の第1位は電気機械で1064億円、（図3）、小野市の第1位は化学で719億円だ。これにより小野加東の主要産業は第2次産業だとわかる。

一方で産業3部門別の就業者割合の変遷（図4）を時系列で見ていくと、第2次産業の就業者数は確実に減ってきている。オートメーション化が進み就業者が減るという流れは、技術の発展の結果で避けられない一面もあるが、第2次産業で就業者が減った分、第3次産業での受け入れが増えているわけではない。つまり、全体で見たときには雇用できる人数が減っているという大きな課題が見て取れる。現在は複数の工業団地を抱えるなど仕事が豊富だという小野加東だが、今後の見通しは決して楽観視できないものである。

「まちに仕事があること」はUターン者を増やす重要な要件だ。こういった現状をどう打破するのか。良好な子育て環境や道路交通の利便性、伝統的な地場産業など小野加東には多くの魅力がある。産業面で第3次産業をいかに伸ばしていくかも、今後の課題だということがわかる。

RESAS ＞ 地域経済循環マップ ＞ 生産分析 ＞ 市区町村単位で表示する（兵庫県加東市） ＞ 地域内産業の構成を見る

生産額は電気機械（第2次産業）の割合が最も多い（加東市の例）

図3

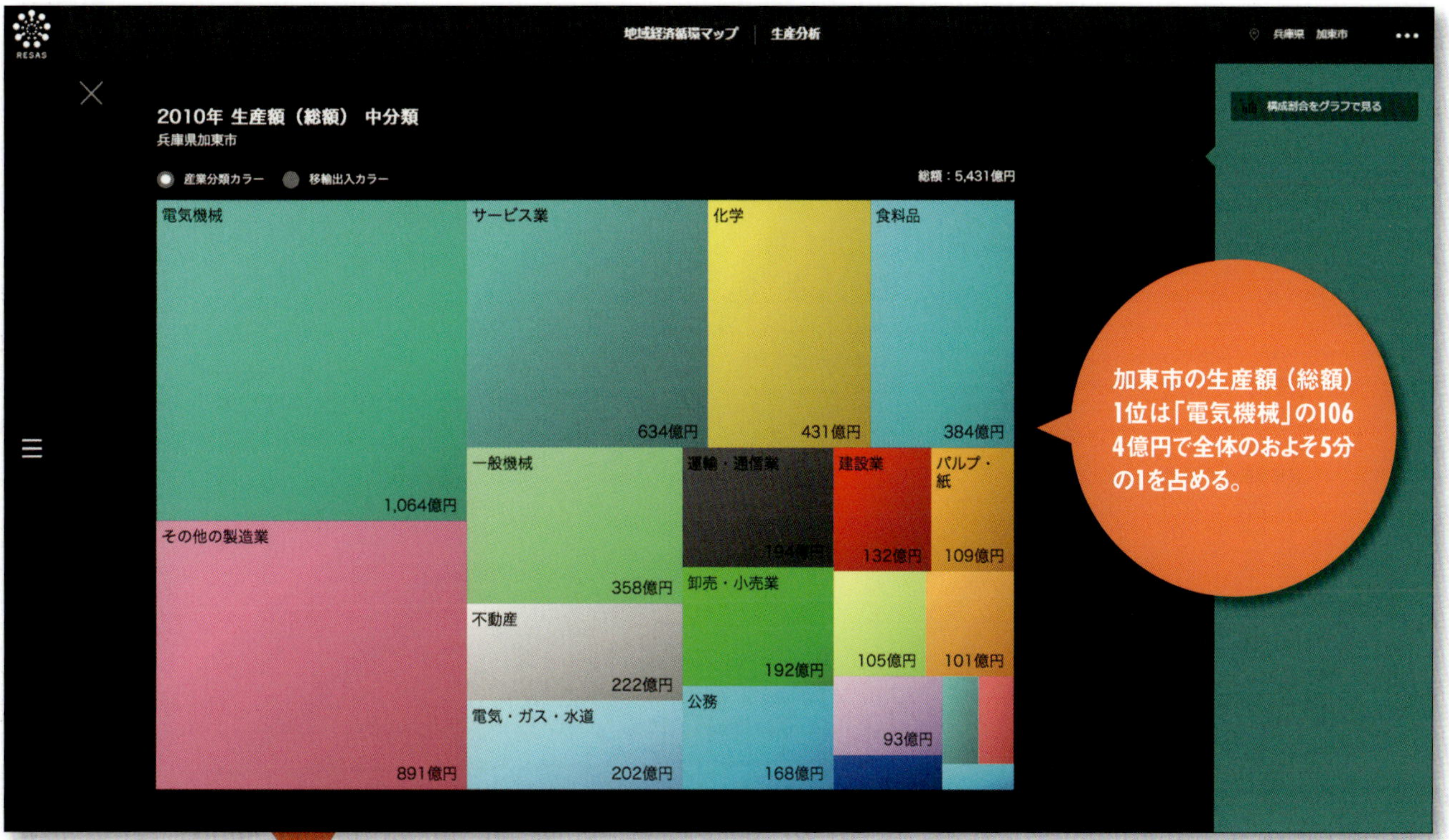

第2次産業就業者の割合は緩やかだが減少傾向

図4 産業3部門別就業者割合の変遷（小野市・加東市）

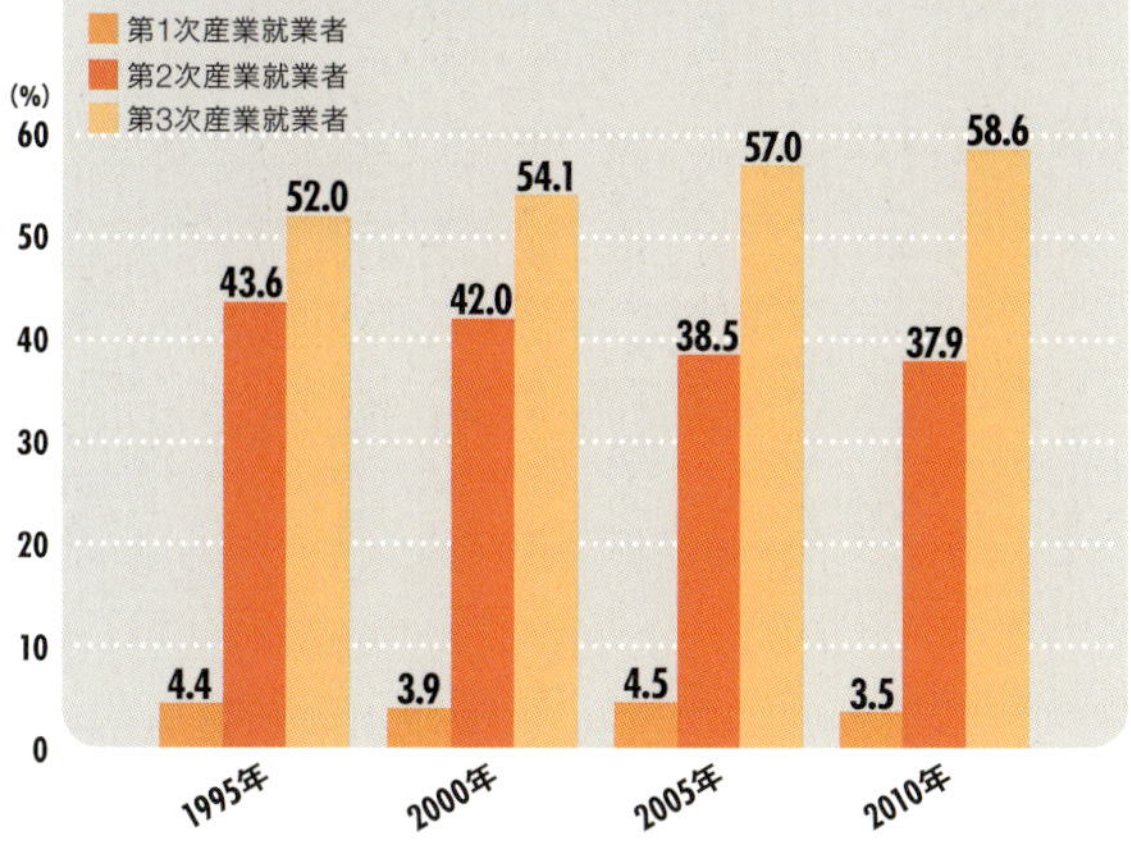

出典／「国勢調査　都道府県・市区町村別統計表」平成7年～平成22年

人口・産業問題を解決

地方創生の課題 読み解き術

産業編

日本における「雇用」や「労働」の問題とは？

人口編では、地方創生の最優先課題である「人口減少」と「高齢化」の問題について、転入転出状態を示す人口マップなどを確認しながらその実態を見てきた。

経済活動が活発で雇用が創出される首都圏や大都市には人が集積しやすく、逆に転出が大きくなる地域では雇用の喪失が加速してしまう。高齢化率・高齢化のスピードとともに世界トップの日本においては、若い世代の転出抑止と既婚率（出生率）向上を実現するために、各地域・各自治体レベルでの「仕事」や「働き方」の改革が必要になっている。

ここからの産業編では、こうした人口移動の背景となっている雇用や労働の問題に焦点を当てる。

人口を流入・安定させるためには雇用の創出が不可欠であり、人口減少が進む地域であっても産業を活性化させることで地域経済を循環させていくことが可能である。雇用創出産業が確保されている地域は、今後も人口が集まる可能性が高い。

この10年間、日本ではどの産業が雇用を創出したのか、あるいは喪失したのか。まずは、就業者割合の推移で、過去10年間において雇用を創出してきた産業と、喪失した産業は何かを見極めた。さらに、産業別・就業者1人当たりの総生産額の推移にも着目し、地域ごとに異なる雇用創出の方向性を考えてみよう。

この10年間で見る雇用の創出と喪失

最初に、この10年間でどのような分野の産業が雇用を創出あるいは喪失したのかを、産業別就業者割合の推移（P53の図1）で見てみよう。

雇用を喪失した（ポイントがマイナスに変化した）産業の中では、「製造業」で最も減少が大きくマイナス1・7ポイント、次いで「建設業」でマイナス1・1ポイント、「卸売業・小売業」でマイナス0・5ポイントとなっている。逆に最も雇用を創出しているのは「医療・福祉」で3・6ポイント、次いで「情報通信業」で0・5ポイント、「教育・学習支援業」で0・3ポイント。やはり高齢化の影響もあり「医療・福祉」の分野で就業者が急増していることがわかる。またプラスになっているのはすべて第3次産業だ。

全体での順位としては、「卸売業・小売業」が「製造業」を逆転し、現在最も就業者割合が高い産業となっている。また、2005年時点で3番目であった「建設業」が「医療・福祉」に席を譲り、大幅な差をつけられている。

次にP54の図2は、就業者の人数ではなく、就業者1人当たりの総生産額を産業別に示したグラフである。内閣府「県民経済計算」から、2003年から2013年の産業別総生産額を抽出し、各年度の産業別就業者数で割ることによって算出している。

挙げてある5つの産業の中では唯一、「製造業」だけが7・7％の増加を見せている。「製造業」は雇用を喪失しているものの、付加価値を高めて生産性を上げることに成功しているといえる。

一方、そのほかは軒並みマイナスで、特に「情報通信業」はマイナス11・4％とかなり減少が激しい。就業者割合が最も高かった「卸売業・小売業」もマイナス4・1％の低下。さらにマイナス5・3％の「サービス業」であるが、実はそのほとんどを占めているのが、就業者が急増している「医療・福祉」だ。雇用の創出状況とはまさに正反対の状況だといえる。

サービス産業の促進が人口減少打開の鍵

この結果には、第3次産業、サービス産業の性質が表れている。いわゆる「労働集約型」、つまり産業の根幹を担うのが機械ではなく人間の労働力なので、製造業と比べて効率やスピードが向上しにくく、生産性が上がりにくいのである。

ただ、産業全体におけるサービス産業の割合が高いことは、生産性向上による経済効果が大きい、つまり「伸びしろ」があるという見方ができる。特に人口減少地域では、重要な課題の一つだ。

人口減少地域の自立にとってポイントとなるのが、サービス産業、中でも「卸売業・小売業」や「生活関連サービス業・娯楽業」宿泊業・飲食サービス業といった個人向けサービス業の活性化である。こうした産業は人口減少が雇用喪失に直結しやすいが、逆に雇用創出に成功すれば、他産業との連関も深いため地域経済の向上に大きく寄与すると考えられている。昨今では、高齢者向けの旅行や娯楽関連、飲食・宅配サービス、生活支援サービスなどの分野においてさらに需要が高まっている。こうした視点でサービス産業を促進していくことが、人口減少地域にとって打開策となる可能性が高いのだ。

地域を支える産業は何か？構造を把握し戦略を立てる

そしてこうした課題の解決策とされているのが、「情報通信業」と異分野産業との連動だ。ビッグデータ活用やＩＯＴなど、今やＩＴ産業はそれ単体ではなく他の産業との組み合わせで付加価値を高めるというのが国際的な主流となっている。これに関して日本がいまひとつ伸び悩みの状態なのは、「情報通信業」が各産業を横断してつなぎとめる力が弱い、ということに起因しているだろう。

サービス産業であれば、製造業で利用されているような、オペレーション、生産工程管理、在庫管理システム、自動化生産、品質管理、経営管理手法などのノウハウの導入が一例として考えられる。すなわち「労働集約型」から「知識集約型」への移行である。これからさらに規模が拡大していくであろう福祉医療や、物流関係・運送関係に

日本の雇用を支えている「製造業」「卸売業・小売業」は減少「医療・福祉」が急増している

図1 産業別就業者割合の10年間の推移

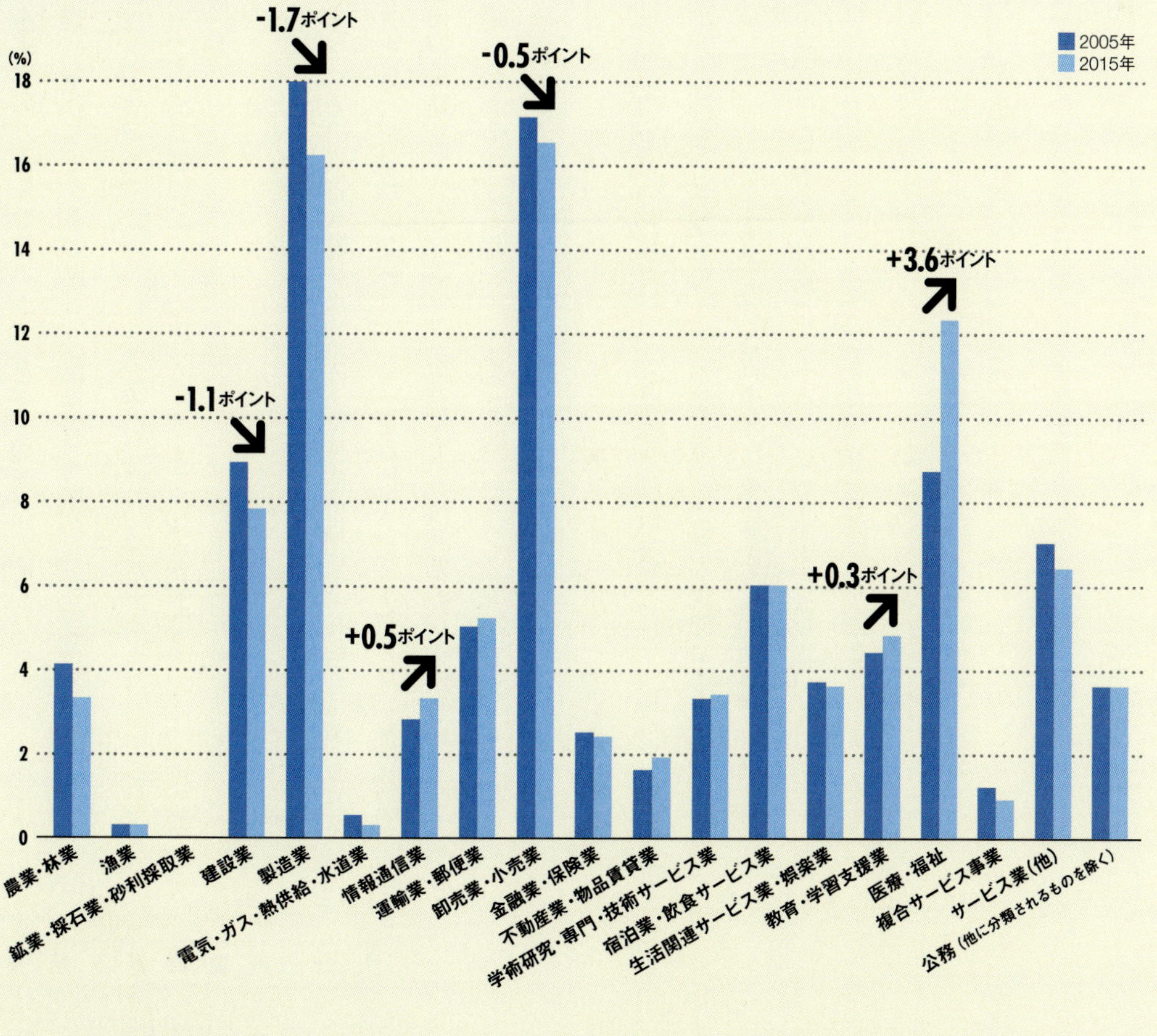

出典／「労働力調査」長期時系列データ

おいてはとりわけ早急なＩＴ化が求められている。

　また、近年では製造業と情報通信の結びつきにも注目が集まっているが、この場合、逆に製造業において、マーケティングやセールス、マネジメントといったサービス分野を拡大することに期待がかかる。

　人口減少地域の産業を考える際には、「その地域を支えている産業は何か」という点で構造を把握することが大切だ。製造業、卸売業、医療などを個別に見て、どの産業において雇用が創出・喪失されているのかを見極めてみよう。同時に、各産業に対して「情報通信業」をどう活かしていくのかという戦略を見出していくことが新しい雇用において重要となる。

地域の産業構造をRESASで調べる

　それでは、実際にデータを使いながら、地域の産業構造について順を追って調べていこう。今回は、鹿児島県出水市を例にとり、ＲＥＳＡＳの産業マップで図３-１「従業者数」と図３-２「付加価値額」の２つの側面を見ていくことにする。

　図３-１は、産業別の従業者数を色分けした花火図で示している。見方としては、一番面積の大きい産業がその地域の雇用を支えている基幹産業なので、この面積の大きい順に５つ程度の産業を見てみるとよいだろう。また同時に、面積の大きさに差があるかないかで、一つの産業に依存しているのか、それとも複数産業で役割を分散させながら地域の雇用を支えているのか、ということがわかる。

　昨今は特に、基幹産業は地域を支える産業である一方で、その衰退、特に大型工場移転などに伴って地域が急速に衰退するケースが多発している。そのため、特定産業に依存しすぎる傾向に警鐘を鳴らす社会全体の傾向もある。これらを踏まえると、①地域の基盤産業は何か、②地域の基盤産業への依存度はどの程度か、③その他の地域を支える産業には何があるかという3点で地域の産業構造を確認することが肝要となる。

　また、前述したように、サービス産業、特に情報通信業や観光業がどの程度の規模であるかを把握しておくとよい。現在小規模であるから将来も見込みがない、というのではなく、逆に「のびしろ」がある産業の可能性もあるからだ。

データから捉える地域の特徴や課題

　鹿児島県出水市の場合、従業者数の多い産業は、1位が「製造業」、2位が「卸売業・小売業」、3位が「医療・福祉」、4位が「宿泊業・飲食サービス業」となっている。

　こうして、従業者数でいくつかの産業がカギとなっていることがわかったら、次にその産業の付加価値額を全国・都道府県単位と比較してみるとよい。それによって、例えば「従業者数が多くても付加価値額が少ない」つまり「稼ぎにくい産業」、逆に、「従業者数が少なくても付加価値額が高い」つまり「稼ぎやすい産業」という見方ができるようになる。

　そこで、先ほど従業者数で確認したカギとなる産業を付加価値額の割合でみると、「製造業」は同様に1位で36・8％、鹿児島県や全国と比べてかなり高い傾向にある。それに対して、「卸売業・小売業」や「宿泊業、飲食サービス業」が、「医療・福祉」よりもシェアが低くなっている。特に従業者数で2位であった「卸売業・小売業」は12・6％の割合で、鹿児島県の20・2％と比べても非常に付加価値額が少ないことがわかる（図3-2）。

　以上のことから、出水市の産業構造において、「製造業」と「宿泊業、飲食サービス業」で何らかの特徴や課題がありそうだと推察できる。

1人あたりの総生産額は「製造業」アップ・「情報通信業」ダウン

図2 就業者1人当たりの総生産額の推移

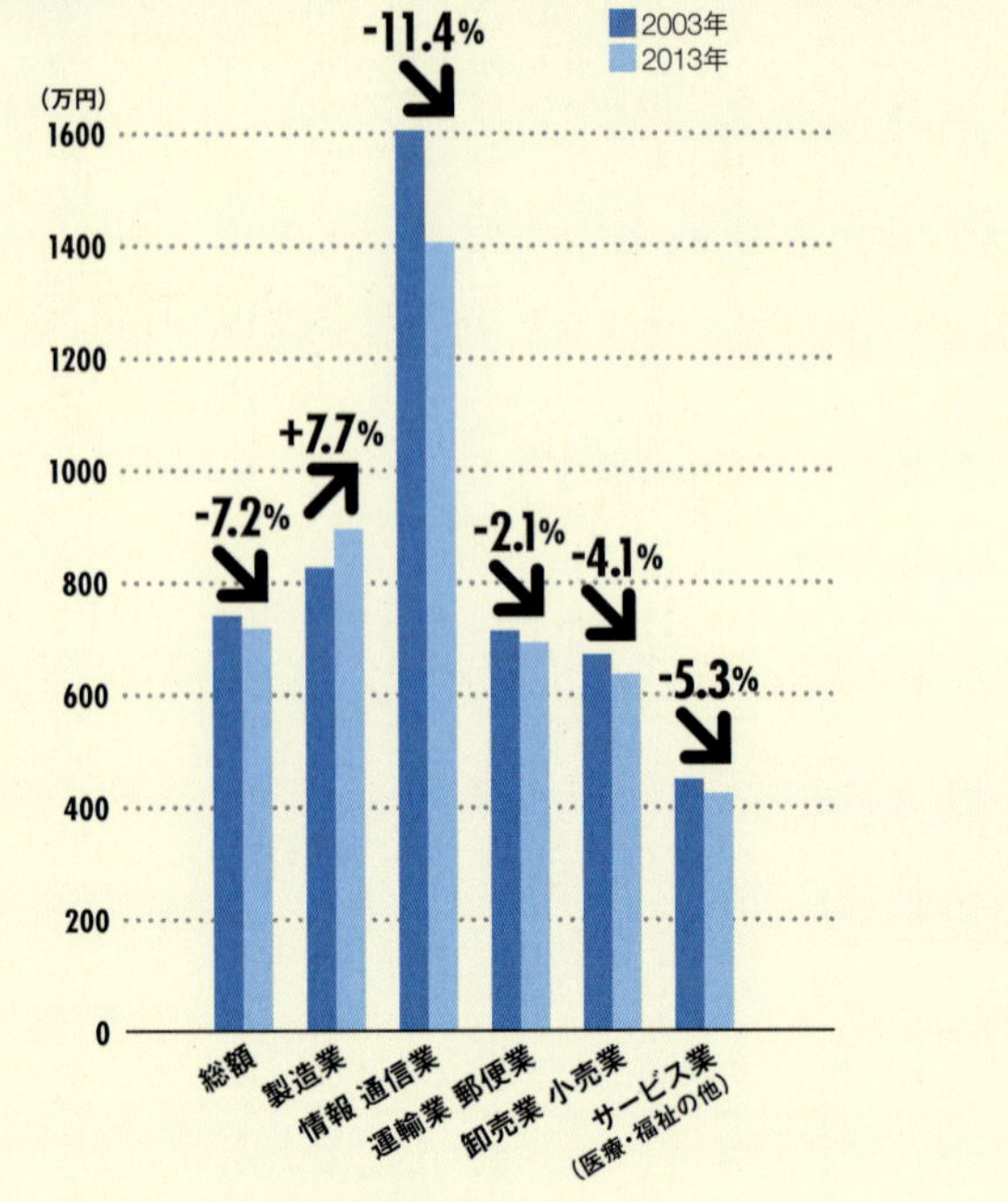

就業者1人当たりの総生産額 =産業別総生産（名目）÷産業別就業者数で算出
出典（総生産）：内閣府「県民経済計算（平成13年度 - 平成25年度）（93SNA、平成17年基準計数）」より
出所（就業者数）：「労働力調査」長期時系列データより

RESAS ＞ 産業マップ ＞ 全産業花火図 ＞ 市町村単位で表示する（鹿児島県出水市） ＞ 従業者数（事業所単位）

地域の基幹産業のとらえ方① 「従業者数」を見る（例：鹿児島県出水市）

図 3-1

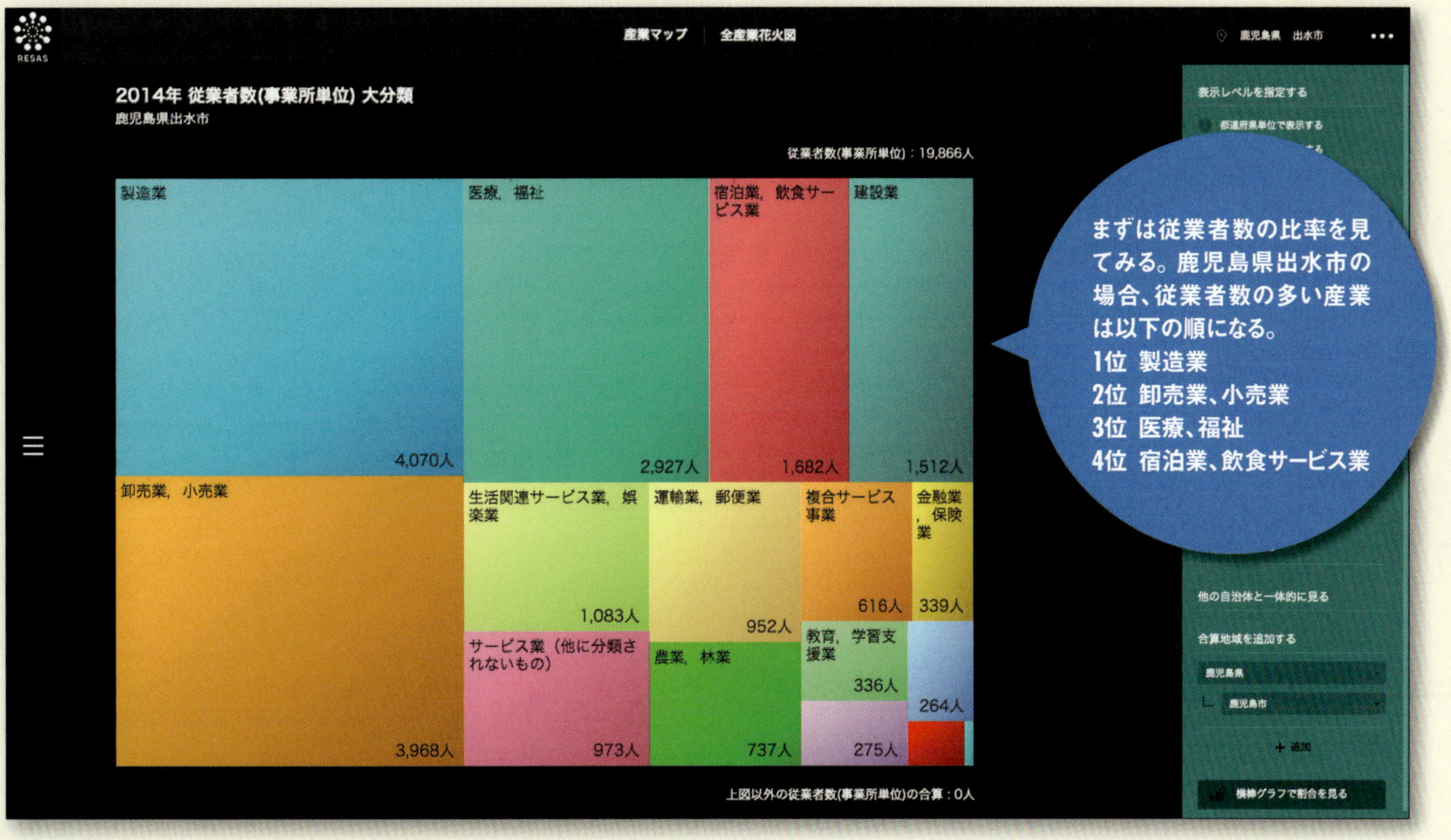

RESAS ＞ 産業マップ ＞ 全産業花火図 ＞ 市町村単位で表示する（鹿児島県出水市） ＞ 付加価値額（企業単位） ＞ 横棒グラフで割合を見る ＞ 割合順で見る

地域の基幹産業のとらえ方② 「付加価値額」を見る（例：鹿児島県出水市）

図 3-2

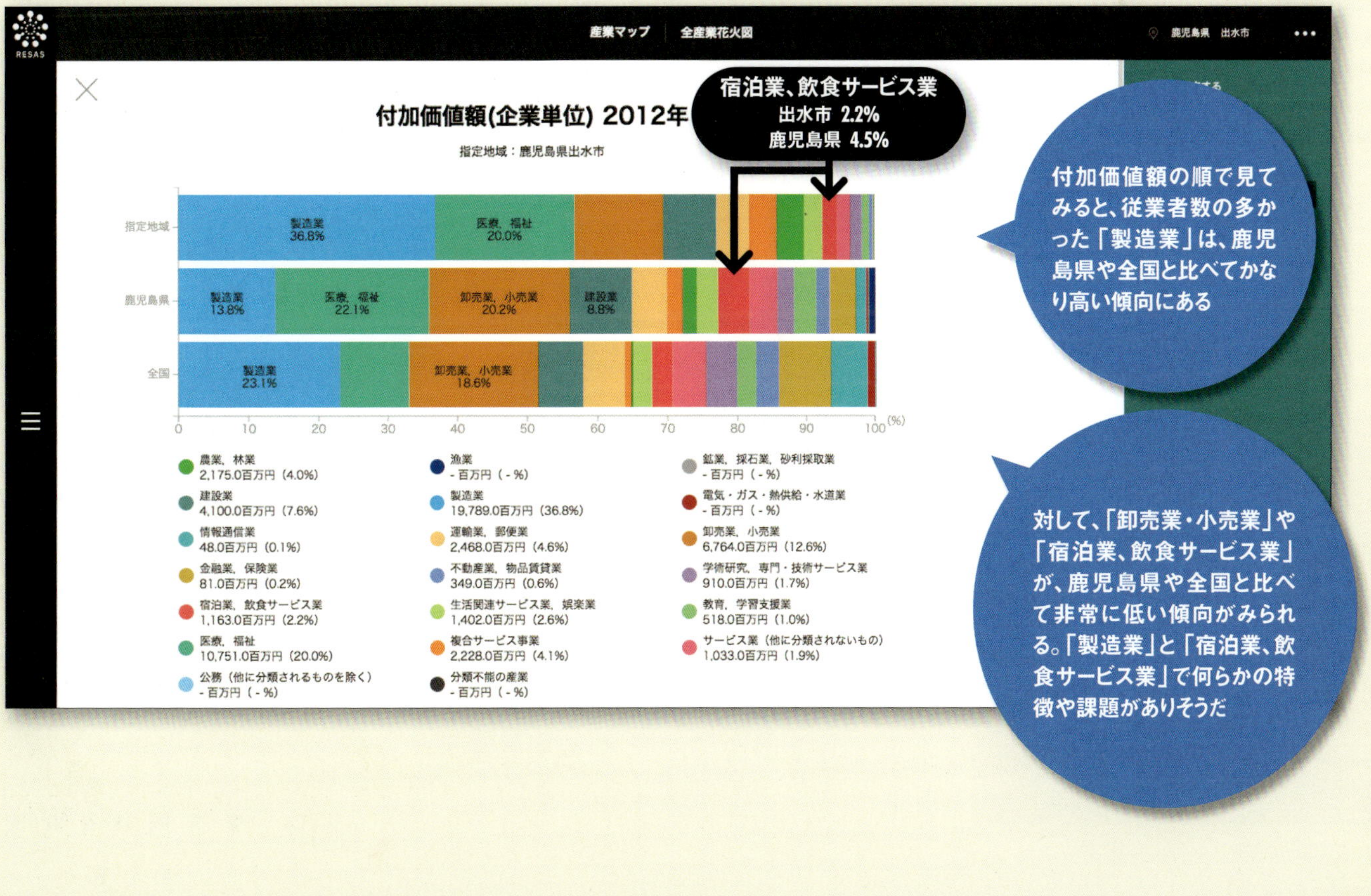

RESAS ＞ 産業マップ ＞ 稼ぐ力分析 ＞ 市区町村単位で表示する（鹿児島県出水市） ＞ 特化係数（付加価値額）【企業単位】 ＞ 表示産業を指定する（製造業【すべての中分類】） ＞ グラフ分析 ＞ 特化係数（付加価値額）で見る

地域の産業構造を深掘り①　産業別特化係数を見る（製造業）

図4-1

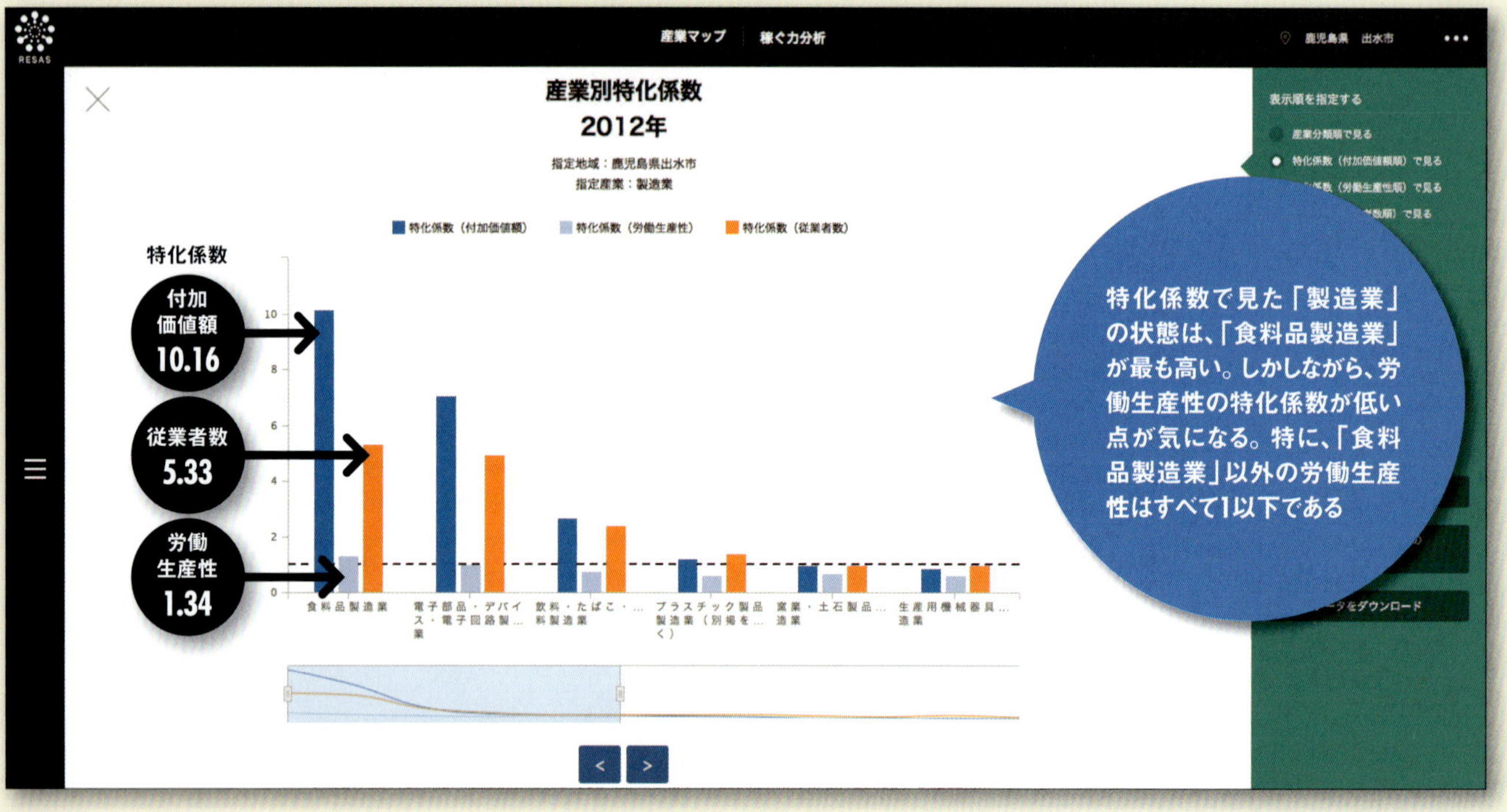

RESAS ＞ 産業マップ ＞ 稼ぐ力分析 ＞ 市区町村単位で表示する（鹿児島県出水市） ＞ 特化係数（付加価値額）【企業単位】 ＞ 表示産業を指定する（宿泊業、飲食サービス業【すべての中分類】） ＞ グラフ分析

地域の産業構造を深掘り②　産業別特化係数を見る（宿泊業、飲食サービス業）

図4-2

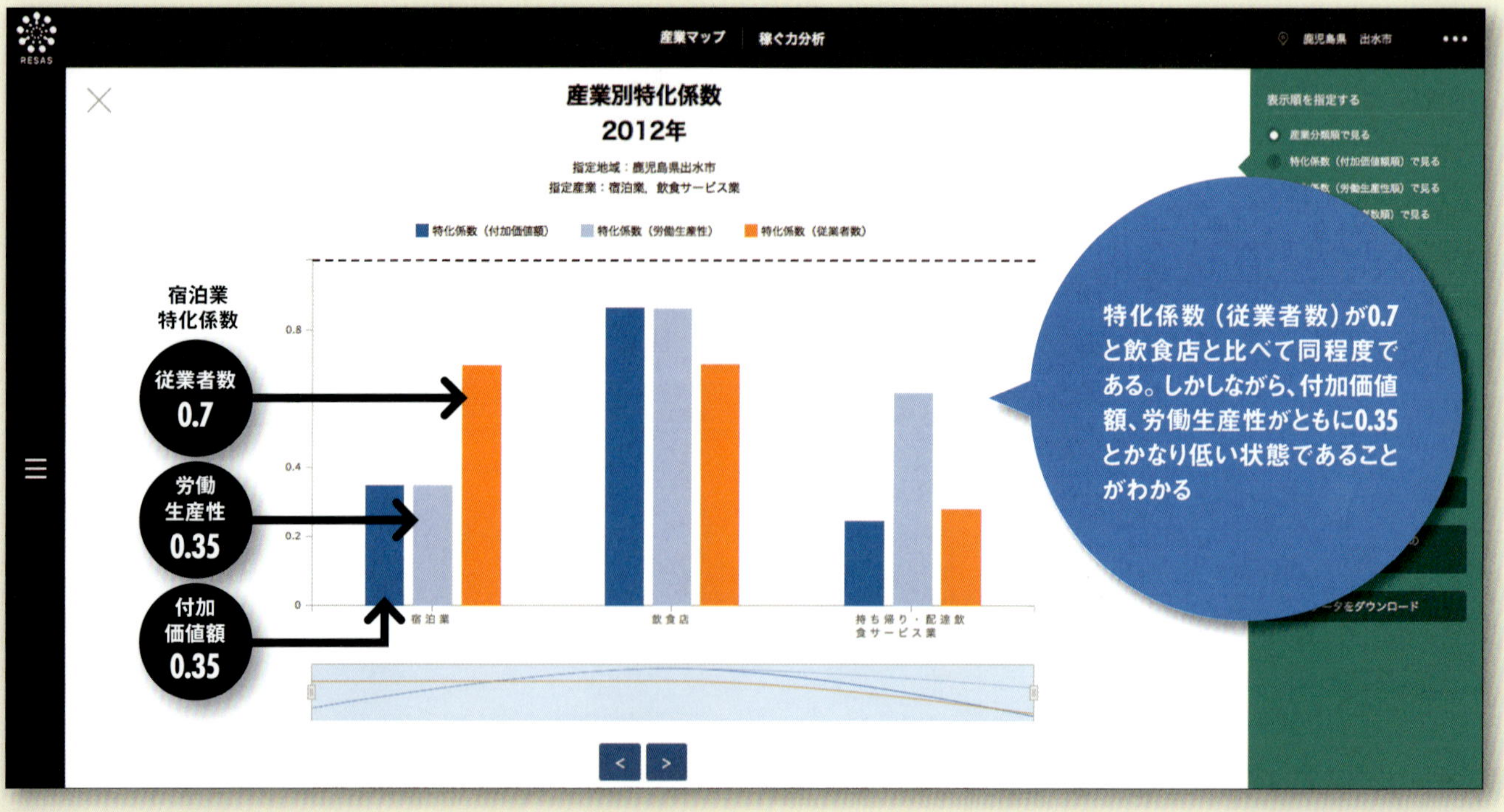

次に、「特化係数」の数字から産業構造を見てみよう。

特化係数とは、ある地域におけるある産業部門の雇用や生産額の割合（シェア）と、全国における当該部門の雇用や生産額の割合（シェア）の比率である。数式にすると「A地域の△△産業の特化係数＝A地域の△△産業の従業者割合÷全国の△△産業の従業者割合」となり、A地域の製造業の特化係数が1より大きければ、全国と比べて製造業部門に特化しているといえる。つまり、特化係数が大きければ大きいほど、その産業の特化の度合いが強く、その地域の特徴的な産業であることを示すのだ。

経済学では、地域の雇用を支える産業について求める場合、「従業者数」の特化係数を用いての分析が多い。一方で、その地域の経済的豊かさの指標としては、「付加価値額」と「労働生産性」の特化係数を用いて分析する。前者は、全国と比較してその産業がどれだけの労働力を確保しているか、後者2つはそれぞれ、どれだけ稼いでいるのか、どれだけ効率的な生産を行っているのかを示す指標である。

つまり、地域の産業ごとに「従業者数」「付加価値額」「労働生産性」という3つの特化係数を見ることで、その地域で「稼ぐ力」のある産業が何か、ということがわかる。特化係数を用いた「稼ぐ力分析」は、その地域の特色を分析するうえで有効な手段であるといえるのだ。

特化係数のグラフから地域の産業構造を見極める

それでは、先ほどに引き続き鹿児島県出水市を例に、RESASの特化係数のグラフから地域の産業構造を深掘りしていこう。

P55の図3-1と図3-2では、「製造業」「卸売業・小売業」「医療・福祉」「宿泊業、飲食サービス業」において従業者数が多いということが明らかになったが、ここでは出水市の産業構造の中で特徴がみられた「製造業」と「宿泊業、飲食サービス業」の特化係数をみていくことにする。

まず、「製造業」で見ると、「付加価値額」の特化係数（濃い青のグラフ）の高い順に並べたのが図4-1である。最も特化係数が高いのが「食料品製造業」で10・16、次いで「電子部品・デバイス・電子回路製造業」で7・04であり、1を大幅に上回り、かなり係数が高いことがわかる。同様に、この2つは「従業者数」の特化係数（オレンジのグラフ）も高いことが見てとれる。このことから、出水市は「製造業」において、全国に比べ「付加価値額」「従業者数」が特化していることがわかる。

しかしながら、「労働生産性」の特化係数（薄い青色のグラフ）は、最も高い食料品製造業で1・34、それ以外はすべて1以下だ。労働生産性は、「付加価値÷平均従業者数」で算出され、その産業の1人当たりの付加価値創出額にあたる。

「製造業」において、労働生産性の特化係数が1より小さいということは、全国に比べ、「稼ぐ力」が弱いことを示している。つまり、出水市における「製造業」は、従業者数・付加価値額ともに最も高く、地域の経済を支えている基幹産業である一方、1人当たりの付加価値創出額は小さく労働生産性が低くなってしまっている、という側面をもつことがわかる。

また、「付加価値額」と「従業者数」の特化係数が1を超えている一方、「労働生産性」の特化係数が1を大きく下回る場合には、その産業の生産効率が悪いということであり、逆にいえば工夫次第で伸びる可能性をもっているという見方もできる。出水市でも「製造業」に伸びしろがある可能性は高い。

ではなぜ、出水市の「製造業」の「労働生産性」が低いのだろうか。この点をRESASなどの数値データだけから原因分析することは難しい。そのため、ここからさらに詳細を分析するために、個別の状態を深掘りして調べるとよいだろう。自治体の出している調査報告書を調べたり、具体的な製造業者へのヒアリングを行ったりするなどの調査の段階となる。

さて、次に「宿泊業、飲食サービス業」についてRESASで特化係数を出したのが図4-2だ。これによると、同産業はすべての特化係数において1以下であり、全国に比べ、「稼ぐ力」の弱い産業であることがわかる。特に、「宿泊業」だけでみると、従業者数の特化係数が0・7と、飲食店とほぼ同数であるのに対して、「付加価値額」と「労働生産性」の特化係数が0・35と、かなり低いことが明らかだ。

このことから、出水市の産業構造において、「宿泊業」に何らかの課題を見い出すことができるだろう。P58から、実際に出水市の人たちが仮説を立てた「宿泊業」に関する課題分析の事例があるので、具体的な地域分析の手順として参考にしてみよう。

宮後聖仁さん
さつま出水青年会議所
理事長

芹ケ野裕史さん
川内青年会議所
顧問

浜田一平さん
霧島青年会議所
副理事長

事例4 | 鹿児島県 さつま出水JC

地域資源の再活用で交流人口拡大へ

滞在型観光を実現！武家屋敷に泊まろう

見学できる武家屋敷は全国に多数あるが、泊まれる武家屋敷はめったにない。「保存」ばかりが優先され、「活用」されなかった武家屋敷群を宿泊施設に変える。外国人観光客を獲得するための大胆な再興プランが鹿児島県の出水市で始まった。

総人口

5万3778人

人口増加率

-3.31%

高齢化率

27.30%

合計特殊出生率

1.85

(上、右上)見学できる武家屋敷の一つ、税所邸。NPO法人の「出水麓街なみ保存会」が管理している。(右下)真っすぐな道と石垣が美しい武家屋敷群の街並み。現在も住宅地となっているが、空き家となっている屋敷もある。保存地域になっているため、景観を損ねるような状態になっていても解体はできない。

新幹線が停車するのに宿泊する観光客が増えない

出水《いずみ》駅は九州新幹線の停車駅で、鹿児島中央からなら23～24分、熊本からだと37～38分。アクセスは比較的よい。にもかかわらず、観光客が期待通りに増えないという課題を抱えている。

「熊本や鹿児島に宿泊して、そこからちょっと足を延ばすという観光客が大部分。宿泊まで至らない」。さつま出水青年会議所理事長の宮後聖仁さんは出水の現状をこう説明する。

鹿児島県の観光統計を見ても、2014年度の延べ宿泊者数は、鹿児島全県で2・9％増なのに対し、出水市を含む北薩地域は0・2％増にとどまる。しかも、増加の要因は新幹線を利用したビジネス客の増加やコンベンションの開催件数が増えたことと見られ、純粋な観光客が増加したわけではない。

なんとかして出水に宿泊する観光客を増やせないか。宮後さんらが着目したのは、市内にある武家屋敷だった。

地域再興政策のプラン作成に関わった霧島青年会議所副理事長の浜田一平さんは説明する。「鹿児島県内の青年会議所メンバーが集まり、3つのグループに分かれて、出水の何に焦点を当てて再興プランを組み立てていくか検討を重ねました。出水以外のメンバーが加わっているのは、地域外の人間だから気づける出水の魅力があると考えたからです。検討の結果、市内にある武家屋敷を宿泊施設に使うというプランが出てきました」

武家屋敷の数は150戸 一般公開はたったの2戸

かつての薩摩藩主、島津家発祥の地でもある出水は、肥後との藩境にあったため、(市内の)麓町に薩摩最強の武士団が組織されていた。その武士団が住んだ武家屋敷群は、実質的な城の役目を果たしていたといわれ、現在でも約44haのエリアに約150戸の武家屋敷が残っている。

これだけの数の武家屋敷がありながら、内部まで一般公開されている屋敷はたったの2戸。有効活用されているとは言い難い状況だった。

鹿児島県内で武家屋敷といえば、むしろ知覧《ちらん》が有名だ。武家屋敷群の広さでは出水の半分以下だが、庭園が整備され、多くの観光客を集めている。「出水の武家屋敷群は保護することを目的としていて、地域活性化のために活用するものではなかったということです」(浜田さん)。

そこで浜田さんらは、武家屋敷を「体験型の宿泊施設」として活用することを考えた。想定している主要な客は外国人だ。

武家屋敷を観光資源として活用する例は全国に多数あるが、そのほとんどは「見学施設」である。建物の中を見学し、武家屋敷街を散策するのが一般的な観光のスタイル。泊まれる武家屋敷は極めて珍しいといえる。

そもそも宿泊地としての出水を考えると、温泉のある霧島や指宿《いぶすき》と比べて魅力が乏しいのは否めない。だが、「武家屋敷」というキーワードが加われば、「温泉」に負けないだけの魅力を持てると浜田さんらは考えた。

外国人観光客に日本の伝統文化をたっぷり

しかも、武家屋敷にただ宿泊するだけではない。日本の伝統文化をたっぷり体験する宿泊プランを想定している。右下がそのスケジュール。

例えば1日目は、到着すると、まず着物に着替えるが、この着物はプラン終了後にお土産として持ち帰れるようにする。外国人にはもちろん、日本人にもうれしいサービスだろう。日本の文化、行儀作法の説明を受けた後は、牛車に乗って、武家屋敷群を巡る。午後に予定される書道の体験では、「出水兵児修養の掟」から気に入った漢字を選んで書いてもらうほか、自分の名前を漢字に置き替えて書いてもらう。自分の書いた字は、額に入れてプレゼントされるという仕組み。

夕食は斧で薪を割り、火をおこし、かまどで米を炊くことから始まる。囲炉裏を囲んで地元の人と交流しながら夕食を楽しみ、五右衛門風呂に入浴。

2日目も座禅や武道の体験があるが、それぞれを体験している様子は写真撮影され、フォトブックにしてプレゼントされる。

これだけ盛りだくさんで、2泊3日、1人当たり5万円の想定。充実したプランといえるだろう。

外国人客の想定は、鹿児島県内で増えている外国人客を出水にも呼び込むという狙いがあるのはもちろんだ。だが、彼らの強い発信力に期待するというもう一つの狙いもある。「日本文化に興味を持つコアなファンは海外に数多くいる。彼らに自分たちの宿泊体験をｆａｃｅｂｏｏｋやＩｎｓｔａｇｒａｍで発信してもらい、出水の魅力を世界に伝えたい」（浜田さん）

海外で人気が出れば、その話題を日本のメディアが後追いし、日本でも人気を呼ぶというヒットの流れが期待できる。まずコアなファンに火をつけるのは、ヒット商品を生む有効な手段だ。

まず2棟からスタート保存地域だからサービスに制限も

現在、宿泊用に考えている武家屋敷は2棟。宿泊できる施設にするには修

武家屋敷体験型宿泊
宿泊プラン（タイムスケジュール）

1日目

9:00	武家屋敷に到着 着物に着替える
10:00	日本文化、行儀作法の説明
11:00	散策
13:00	昼食
15:00	茶道・書道体験
18:00	夕食
22:00	就寝

2日目

8:00	朝食
10:00	日本の伝統的精神修行の体験 座禅の体験
12:00	昼食
14:00	武道体験 日置流・示源流体験
16:00	フォトプラン（写真撮影）
18:00	夕食
22:00	就寝

3日目

8:00	朝食
9:00	フォトプラン（写真撮影）
11:00	折鶴作成
12:00	宿泊体験終了 地域の行事に参加

（上）出水市のご当地グルメ「いずみ親子ステーキごはん」。鶏肉・鶏卵の生産量が日本第2位であることから開発した鶏肉と卵の料理だ。（下）武家屋敷の竹添邸で、武道体験。竹添邸はNHK大河ドラマ「篤姫」のロケ地でもある。

武家屋敷の街並みを牛車で巡る。ゆっくりとしたペースが心地よい。武家屋敷群の歴史を語る案内人の解説も冗談交じりで楽しい。

繕も必要だ。だが、「いずれは100棟以上の武家屋敷を宿泊できるようにしたい」と浜田さん。そうなれば、「出水の武家屋敷群一帯がリアルなテーマパークとなります」（宮後さん）。

宿泊者や接待をする人がみな着物を着て、武家屋敷街を行き交う。宿泊プランに参加する客自身が街の演出者にもなる。参加者自身が環境づくりに一役買うことで、「400年前の日本を体感できる村、SAMURAI VILLAGEとなるのです」（宮後さん）

ただ、課題はある。一番の問題は武家屋敷群が国の重要伝統的建造物群保存かつ第一種低層住宅地域であるという点だ。

このため、旅館は作れず、保存地域に住んでいる住民でないと食事や宿泊の提供ができないという制限が設けられる。つまり、武家屋敷に住んでいなければならず、例えば宿泊者にルームキーを渡して、「丸ごと一棟自由に使ってください」という提供はできないことになる。サービスの提供方法がある程度限られてしまうのだ。

人材面も課題だ。通訳をしながら体験プランをコーディネートする、外国語のできる人を確保する必要があるし、街の案内をする町娘役などとして地元の高校生などに参加してもらう必要もある。だが、人材面の課題は、裏返せば人材のニーズがあるということ。若者の参加は、「次の世代が出水の歴史を受け継ぎ、地域に残ってもらうきっかけになる」（浜田さん）わけだ。

天井が目を引くが、これは武家屋敷の特徴ではない。この屋敷に住んでいた人による現代の意匠。

宿泊施設に活用する予定の武家屋敷の一つ。現在は空き家で、各所に修繕が必要だ。

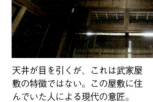

出水市の問題と解決まで
数字で見る

宿泊業、飲食業ともに
産業特化係数の低い出水市。
鹿児島県内で増えている
外国人観光客の取り込みが課題だ。

観光需要の低さが宿泊・飲食業の付加価値の低さに

出水市の鶏卵・鶏肉の生産額は全国で第2位。「鶏のまち」としても知られ、最も特化した産業といえる。産業別特化係数で見ても、食料品製造業は10・16と非常に高い。

その他、特化係数の1を超えている秀でた産業は、電子部品・デバイス・電子回路製造業（7・04）、飲料・たばこ・飼料製造業（2・67）、プラスチック製品製造業（1・22）などがある。このうち、電子部品・デバイス・電子回路製造業に関しては、2009年にパイオニア鹿児島工場とNEC液晶テクノロジー鹿児島工場が閉鎖し、跡地がまだ有効活用されていないため、現在、地元への貢献は低い。

RESAS ＞ 産業マップ ＞ 稼ぐ力分析 ＞ 市区町村単位で表示する（鹿児島県出水市） ＞ 表示産業を指定する（宿泊業、飲食サービス業） ＞ グラフ分析

宿泊業、飲食店、飲食サービスとも係数が「1以下」で、付加価値が低い

図1

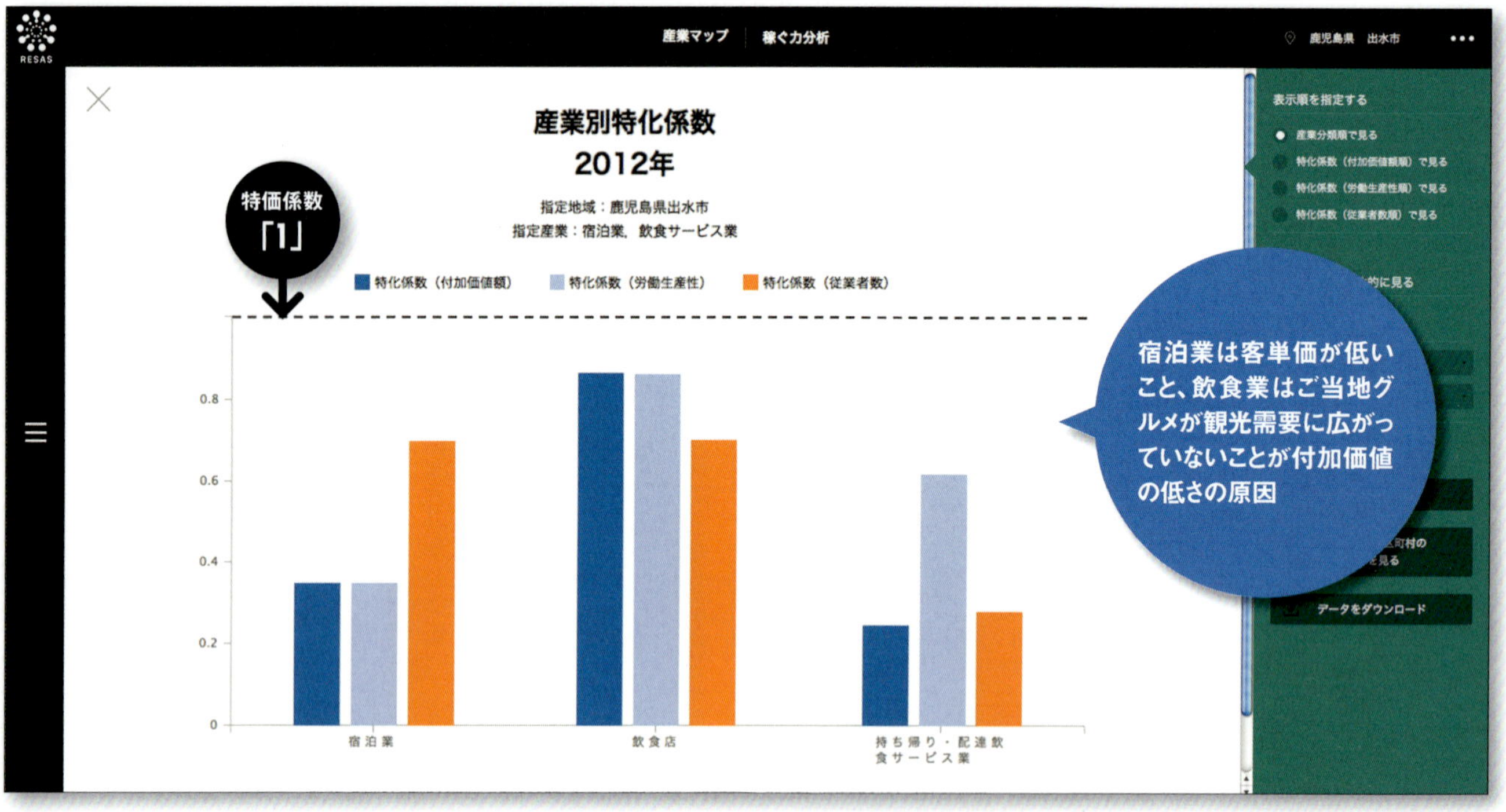

一方、観光客を受け入れるためのベースの産業となる宿泊業、飲食店、飲食サービスはいずれも係数が1以下と低く、付加価値の高い産業とはなっていない（図1）。

宿泊業に関していうと、宿泊客が大きく増えていないことに加え、温泉地を抱える霧島や指宿などと違って、コンベンションなどのビジネスユースが中心となっており、客単価が低いことが付加価値の特化係数が低い理由だ。まず観光客を呼び込まなければ、観光用ホテルもできない。

飲食に関しては、「鶏のまち」のご当地グルメとして、「いずみ親子ステーキごはん」を開発し、市内の複数の飲食店で提供しているが、知名度はまだいまひとつ。飲食が地元需要にとどまっており、観光需要にまで広がっていない。

宿泊業、飲食業、飲食サービスの付加価値を高めるためには、多くの観光客を呼び込むことが課題となるが、市区町村の分布を見ても、出水市は鹿児島県の他の地域と比べて観光業で稼げていないのが現状だ（図2）。

2014年の鹿児島県観光統計によると、延べ宿泊者数の伸びで目立つのは、3回にわたるロケット打ち上げ効

果で11・9%増えた種子島、LCC就航で5%増の奄美、鹿児島—香港線就航で3・9%増の鹿児島市。これらと比べると、出水市が含まれる北薩エリアの0・2%は伸びが小さい。

県全体で伸びている外国人観光客取り込めていない北薩エリア

2011年の外国人延べ宿泊者数を「1」とした指数で見た場合、北薩エリア(出水市)は2014年が1・16にすぎない。指宿が6・62、屋久島が5・44、鹿児島市が3・34、鹿児島県全体で2・96なのと比べて、伸びは小さい（図3）。

鹿児島県の観光統計では県外からの宿泊者数もまとめているが、前年比で最も伸びているのは、外国人観光客の21・5%増だ。これには鹿児島—香港線の就航が大きく寄与していると予測できる。

宿泊者の絶対数だけを見れば、九州、関東、関西からの観光客が多いが、増減で見れば九州と関東は前年比マイナス、関西はほんのわずかしか増えていない。つまり大きく増加している外国人観光客を、いかに自分の地域に取り込むかが観光需要拡大のポイントなのである。

霧島JCの浜田一平さんによれば、「外国人観光客の主要な観光目的はゴルフ」。それに付随して鹿児島市内を観光し、市内や温泉のある指宿などに宿泊するというパターンが典型的という。こういった状況の中で、温泉地ではない出水市がいかに外国人観光客を呼び込むか。

出水市はツルの飛来地としても有名で、観光資源として期待されるが、シーズンは冬に限定される。また訪れているのは国内のマニアにほぼ限定されているのが現状だ。この点、通年で活用でき、外国人観光客が好む「日本的」要素に満ちた武家屋敷に対する期待は高い。他の地域では体験できない「武家屋敷に宿泊する」という提案は、外国人観光客に新鮮に映ることだろう。

RESAS ＞ 産業マップ ＞ 稼ぐ力分析 ＞ 市区町村単位で表示する（鹿児島県出水市）＞ 表示産業を指定する（宿泊業、飲食サービス業）＞ 「すべての中分類」を指定する（宿泊業）＞ グラフ分析 ＞ 都道府県・市区町村の分布を見る ＞ 地域コード順で見る

頼りの観光業でも隣接地域に比べ稼げていない

図2

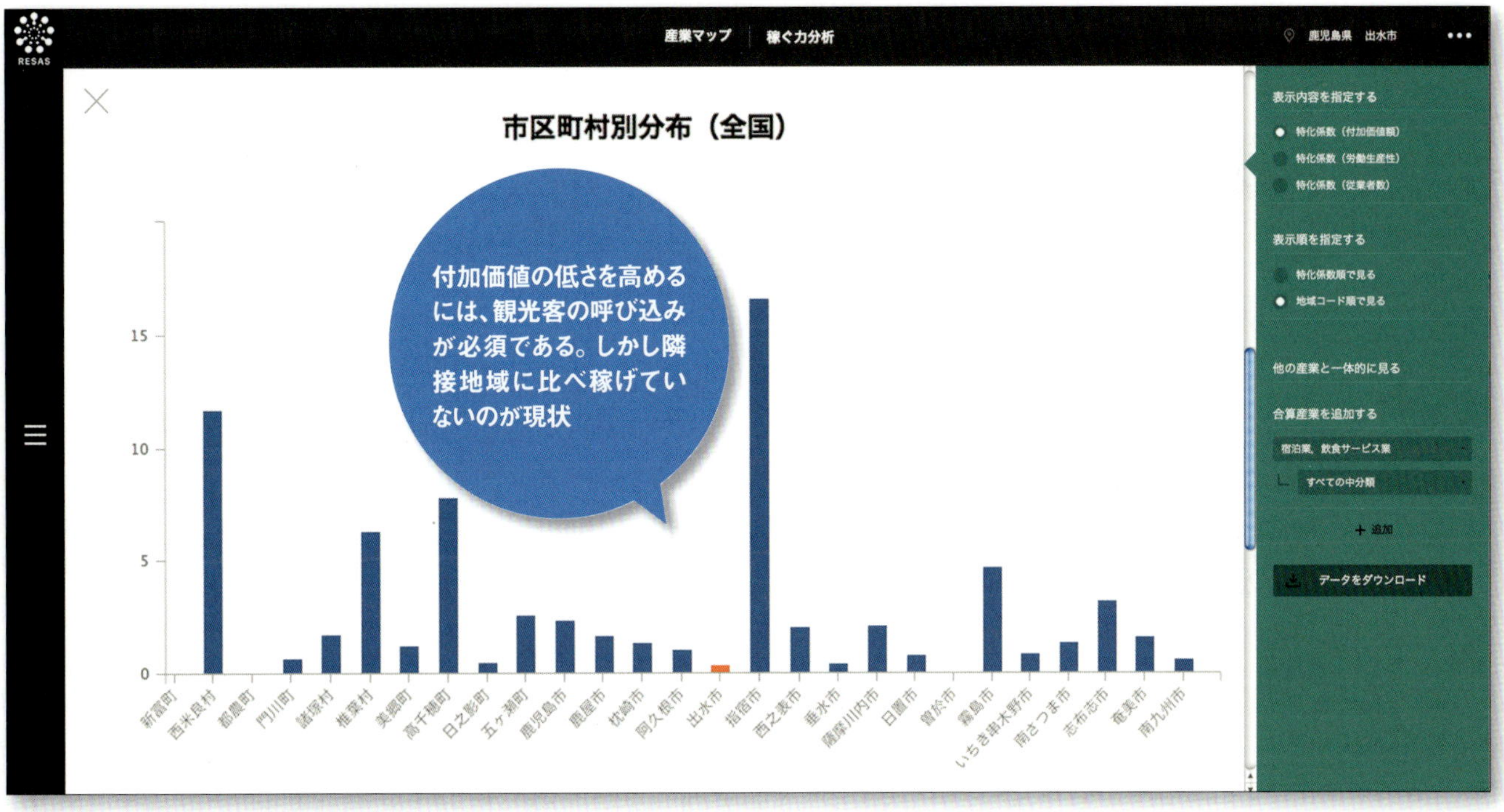

出水市の外国人観光客数はほかの地域と比べて伸びていない

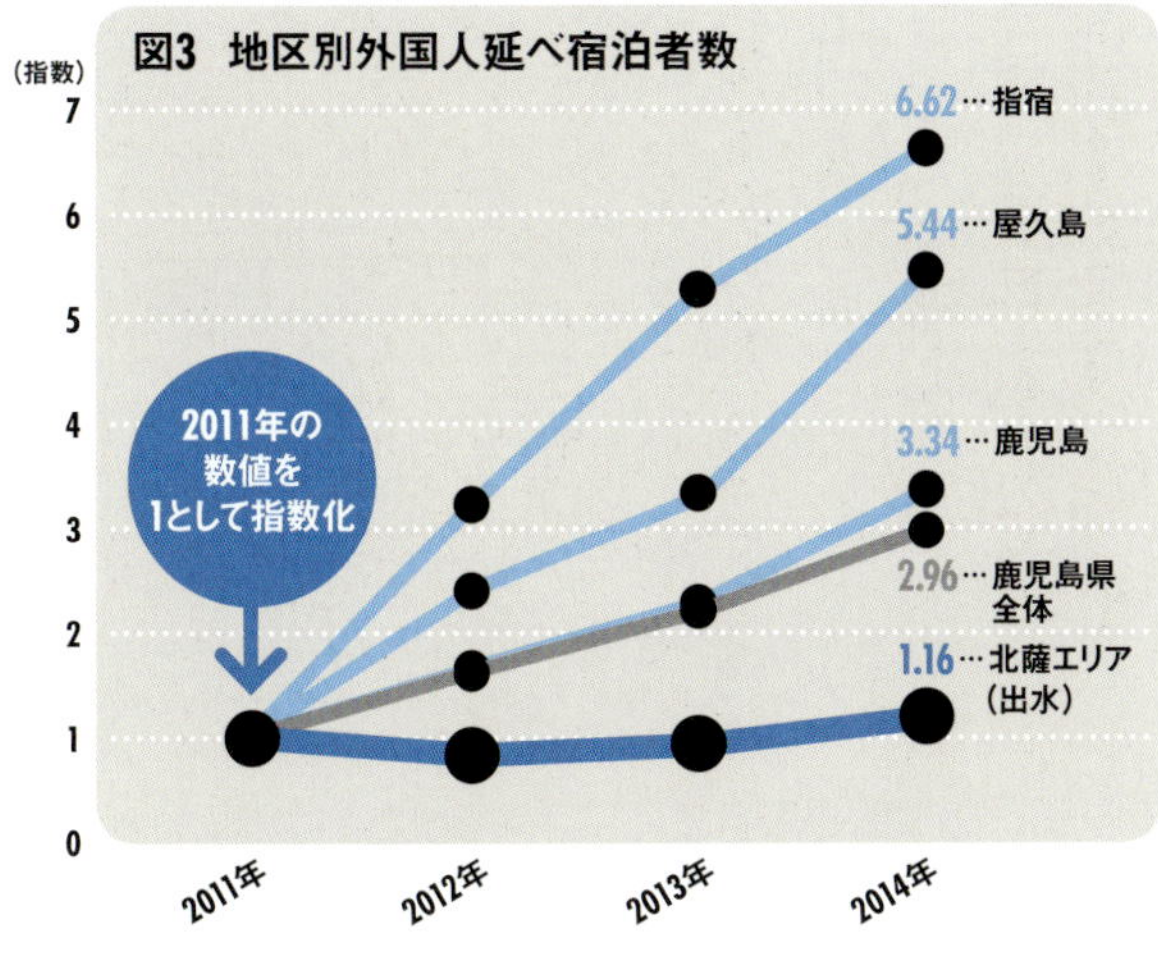

 出典／鹿児島県観光統計 2011年～2014年

事例5｜山形県 河北町商工会

農業で独自のポジショニングを確立へ

イタリア野菜をブランドへ 6次産業化への道

冷たい肉そばで一躍B級グルメの町として脚光を浴びた山形県河北町が次のアクションとして選んだのは「イタリア野菜」。有名イタリア料理店や一流デパートにも卸し、「かほくイタリア野菜」としてブランド化を推し進めている。

芦埜貴之さん
河北町商工会
商工振興課長

町おこし推進の原点は「食」による活性化

東京から新幹線で約3時間。最上川と寒河江川が育む美しい水と豊かな土壌で、多くの農作物を生産している山形県河北町《かほくちょう》。この東北の小さなまちは今「かほくイタリア野菜」の生産・販売で大きな注目を集めている。

河北町は多くの地方都市と同様に人口減と高齢化の課題を抱えている。まちを活性化させるべく、経営支援や地域振興の活動をする商工会で働く芦埜《あしの》さんは、2009年の緊急雇用創出事業で国から補助金が出た際、商業活性化事業として「食」による町おこしに取り組んだ。仲間と一緒に立ち上げた「かほく冷たい肉そば研究会」は、B-1グランプリに出店、2日間で1万食の肉そばを提供したという。

「県内初でB-1に出たことで、マスコミにも多く取り上げられ、今では仙台や首都圏からも人が来る。その影響力に『食の町おこし』のパワーを実感しました。自分を信じ、周囲を巻き込んで実行することの大切さ。この経験が町おこしの取り組みの原点です」

イタリア野菜に勝機あり！多くの出会いが生む「つながり」

翌年の補助金では、農家と商工会とが協力し推し進める農商工連携事業の取り組みを開始。当初は河北の特産品「秘伝豆」のブランド化を検討したものの、実現は容易ではなかった。

「そんなときに偶然、隣町のイタリアンのシェフと話す機会があり、トレヴィーゾというイタリア野菜が高値で売買されていることを知ったんです」

正式には「ラディッキオ ロッソ ディ トレヴィーゾ タルディーヴォ」、チコリの一種でイタリア野菜の王様といわれる高級野菜だ。ネットでトレヴィーゾの販売価格を調べると、なんと1kg6000円！この値段に驚いた芦埜さんは調査を始めた。

「トレヴィーゾの原産地はアルプス山脈近くの寒冷地で山形県と気候環境が似ている。それにイタリア野菜は『イタリア産』かと思いきや、例えばチコリはアメリカ産がほとんど。であれば日本産のイタリア野菜もあっていいと考えました」

さらにイタリア野菜のニーズを調べるため、都内のイタリアンレストランの動向を調べた。バブル期以降、原価の高いフレンチに代わりイタリアンの店舗数がグンと増えた。イタリアンはピザがメインのピッツェリア、高級なリストランテ、お酒と軽食を楽しむバールなど種類が多いのもあり、これからもさらに増えると考えたという。

「調べる中で『トラットリア』、いわゆる郷土料理にはイタリア野菜が欠か

(上) 市内を流れる清流、最上川。かつては、紅花・青苧(あおそ)の集積地、最上川舟運の船着場としても栄えた。果物の栽培が盛んで、豊かな自然の中で育てられたその味は絶品だ。(右下) 他に例を見ないユニークな郷土料理「冷たい肉そば」。B級グルメとしても大きな注目を集めている。

総人口

1万9046人

人口増加率

-4.57%

高齢化率

29.82%

合計特殊出生率

1.44

せないということもわかったのです」

こうしてイタリア野菜に目をつけたものの、育て方も食べ方も何もわからない。そんなときに『イタリア野菜のＡＢＣ』の著者でイタリア食文化研究家の長本和子さんと出会った。この出会いをきっかけに、現在にいたるまで生産の方法から普及活動まで、さまざまな面でアドバイスを仰ぐことになる。

手探りながらもトレヴィーゾなど4種類の試験栽培を始めた、かほくイタリア野菜研究会メンバー。当初の様子についてかほくイタリア野菜研究会理事長の牧野聡さんはこう話す。

「最初にトレヴィーゾを作ったときは、惨憺たる結果でした（笑）。トレヴィーゾの栽培方法は特殊で、畑で3カ月、水につけて1カ月の2段階なんですが、畑の段階でネズミに食べられてしまって。そんな失敗もありましたが、今では研究会全体で年間約50種類ほどのイタリア野菜を生産しています」

栽培がうまくいくと考えなくてはいけないのが販路だが、芦埜さんはまずｆａｃｅｂｏｏｋを使い、イタリアンのシェフに友達申請をしたというから驚きだ。

「とにかく必死でした（笑）野菜は生ものですから、手を打たないと栽培したものが無駄になってしまう」

この大胆な行動の反応は予想以上で、広尾の有名イタリアン「アクアパッツァ」の日高良実シェフからも連絡がくるなど、国産イタリア野菜のニーズに手ごたえを感じた。また錚々たる有名シェフが集まる日本イタリア料理協会の商談会に出店したことで、河北のイタリア野菜は一気に広まったという。

多くの出会いからイタリアンレストランへの供給ができるようになった一方、広がりと共に課題も出てきた。

例えばイタリア野菜は原種に近いので大きさや形が揃いづらいため、レストランに納品する際にどうしても「順位付け」が必要になる。提供先は増やしたいが、すべての店に同一レベルの野菜を提供する難しさがある。

またレストランへの供給は1つの店で1回に1つ2つという単位のことも多く、レストランへの個別の提供ばかりでは旬の時期に野菜を売り切れない。

（右）かほくイタリア野菜研究会理事長の牧野聡さん。イタリア野菜を見るその目には愛情が溢れている。（左上）パティスリー「デ・ジョワ」のイタリア野菜のピクルス。（左中）ＪＣと連携した畑の見学会では小学生が大喜び。（左下）イタリア野菜をふんだんに使った料理。隣町・寒河江町の「日呂詩の料理菜五味」にて。

イタリア野菜を必要とする、よりカジュアルな店に供給するためにも、ある程度まとまった量を売ることができる「中卸し」を入れて解決を図っている。

農家と商工会、力を合わせて推し進める6次産業化

「生産者は小規模でやっているところも多く、マンパワーなどが限られる。であれば1次産業は生産者に、我々商工会が流通やブランディング、つまり3次産業を担い、1と3を足して4次産業をまずつくる。それがある程度大きくなれば2次産業の『加工』は必ずついてくる話です。それで最終的には6次産業としてまとめていこうというのが当初の発想なんです」と芦埜さん。

加工については、ピューレやカット野菜などの1次加工を進めている。これには野菜を無駄に廃棄せずにすむ利点もある。

また河北町のパティスリー「デ・ジ

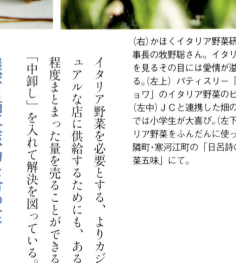

伊勢丹新宿店で行われた「かほくイタリア野菜」の特別販売会。感度の高いお客様にも大好評だ。

ョワ」では、イタリア野菜のピクルスを作り販売。JR東日本との共同開発で、現在は山形と仙台の駅8店舗で取り扱っている。オーナーの武田大介さんは「イタリア野菜は味が濃いので、香草とのバランスがとりやすい。お客様からの評判もよく、リピーターも多いです」と話してくれた。

高品質のイタリア野菜は百貨店のバイヤーをも魅了し、現在は伊勢丹新宿店と三越銀座店でも販売をしている。一流デパートに卸すことで、河北のイタリア野菜のブランド力が増し、一般消費者への広まりが期待できるだろう。

芦埜さんによると、イタリア野菜のまちとしてのブランド化だけがゴールではないという。河北町ではさまざまな農作物を生産できるが故に、かえってアピールがしづらい。

「イタリア野菜＝河北というブランド化が進めば、『あのイタリア野菜で有名な河北』で生産されている米やフルーツ、といった付加価値がつく。それは農家にとっても大きなメリットになるでしょう」

かほくイタリア野菜の生産はいま、河北町だけにとどまらず近隣町村の農家もメンバーに加え、時期をずらして長く野菜を生産できるようにしている。

「自分のまちだけでやろうとせず、柔軟に広げていく。そうしたら河北町だけではなく、〝山形県＝イタリア野菜〟の産地になることも夢ではないと思うんです」と語る芦埜さんの目は輝いていた。

（上）左：イタリア野菜研究会副理事長の生稲洋平さん。右：メンバーの稲村英治さん。（下）イタリア野菜の色鮮やかさはサラダにもぴったり。

河北町の問題と解決まで
数字で見る

農作物販売額がこの５年で大きくアップしている河北町。しかし農家の高齢化など解消すべき課題はまだ多い。

農業経営者の高齢化が進む 65歳以上の割合が全体の半数超

まず河北町の農業経営者の年齢構成を見てみよう。河北町は全国平均、山形県平均と比べると、高齢者の割合が多く高齢化がより進んでいる。

ＲＥＳＡＳで見ると、例えば65歳以上の農業経営者は、２００５年時点で全国平均44・２％。山形県平均は35・４％と全国平均より低いのに対し、河北町では49・４％。さらに２０１０年時点では全国平均48・９％、山形県平均39・５％に対し、河北町は53・９％と、半数を超えている。また75歳以上の割合も、５年間で６・４％増加している。（図１）。

６次産業化の推進を目指すにあたって、その基幹となる１次産業の高齢化は少なからず弊害となることは否めない。人口減の課題を抱える河北町にとって、農家の若返りは、喫緊の課題だ。

RESAS ＞ 農業水産業マップ ＞ 農業者分析 ＞ 実数で表示する ＞ 市区町村単位で表示する（山形県河北町） ＞ 年齢構成・平均年齢

65歳以上の農業経営者の割合が非常に多い

図１

農産物販売金額は大幅に増加 さらなる伸びも期待できる

経営体当たりの農産物販売金額を見ると、２００５年から２０１０年にかけての河北町の伸びは圧倒的である（図２）。山形県平均の２００５年から２０１０年の伸びが56万円に対し、河北町の伸びは１０７万円であり、２倍近くの伸びを見せているのだ。全国平均はもちろん、山形県の各地域と比べても、このような急激な伸びを見せている地域はない。

伸びは大きいものの、河北町の農産物販売金額はいまだ山形県平均に届いていない。イタリア野菜のブランド化を行い、農作物の付加価値を上げることで、この販売金額をさらに伸ばすことが期待される。

高い耕作放棄地率から考察する 河北町の農業の変化

耕作放棄地率のデータでは、河北町における課題が見えてくる（図３）。グラフからわかるように、河北町の耕作放棄地率の伸びは非常に大きい。

２００５年から２０１０年にかけて、山形県では１・63％の伸びに対し、河北町では４・12％である。明らかに耕作放棄地は増えている。

その一方で、露地野菜（戸外での栽培）については、２００５年から２０１０年にかけて販売価格が２倍以上に増えている（ＲＥＳＡＳの「農業花火図」のデータより）。また、施設野菜（ビニールハウスやガラス温室などの施設を利用して栽培したもの）の販売金額も２００万円から４２４０万円と急激に伸びている。よって耕作放棄地が増えている＝販売価格が落ちているということではない。施設野菜の取り扱いを大幅に増やし、露地野菜についても効率よく売る工夫がなされている可能性があると言えそうだ。

しかし、耕作放棄地が増えていることは、農家の高齢化と無関係とはいえないだろう。農業人口を増やし、土地の有効活用をすることがさらなる販売金額をアップさせることにつながる。

経済を活性化させるのにもう一つ重要なのは「情報」である。ＲＥＳＡＳの産業マップ「稼ぐ力分析」で河北町の情報通信業について調べると、特化係数は「データなし」と出る。これにより情報産業の弱さがはっきり見て取れる。海外ではＩＴ産業が農業の効率化などに大きく貢献し、生産性向上と切っても切り離せない。河北町でもここを伸ばすことができれば農業をさらに広げることにつながるのだ。

河北町は２０１５年の総合戦略において、５年間で新規就農者を30人にするという数値目標を掲げている。この数値目標を達成し、農業就農人口の若返り、耕作放棄地の減少を防ぎ、より幅広い農業によってまちの経済を活性化させ、情報産業によってそれを支える構造をつくり出すことこそ、河北町の当面の目標であると言えるだろう。

RESAS ＞ 農林水産業マップ ＞ 農産物販売金額 ＞ 市区町村単位で表示する（山形県河北町） ＞ 表示する内容を指定する（農産物販売金額【経営体あたり】） ＞ グラフを表示 ＞ 比較地域を追加する

農作物販売金額の割合は大幅アップ

図２

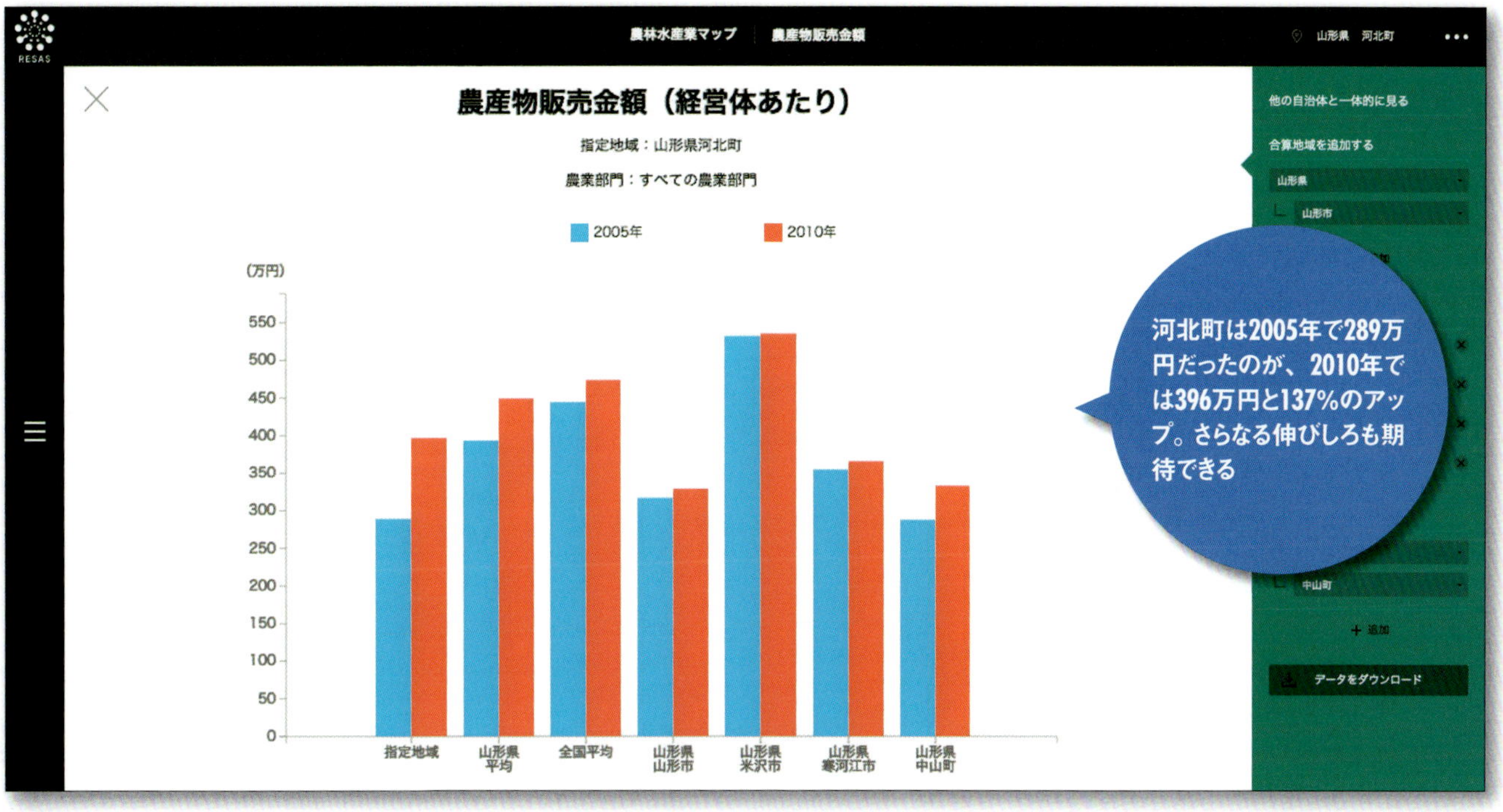

RESAS ＞ 農林水産業マップ ＞ 農地分析 ＞ 市区町村単位で表示する（山形県河北町） ＞ 耕作放棄地率

農作放棄地率は5年間で2倍以上に

図３ 耕作放棄地率

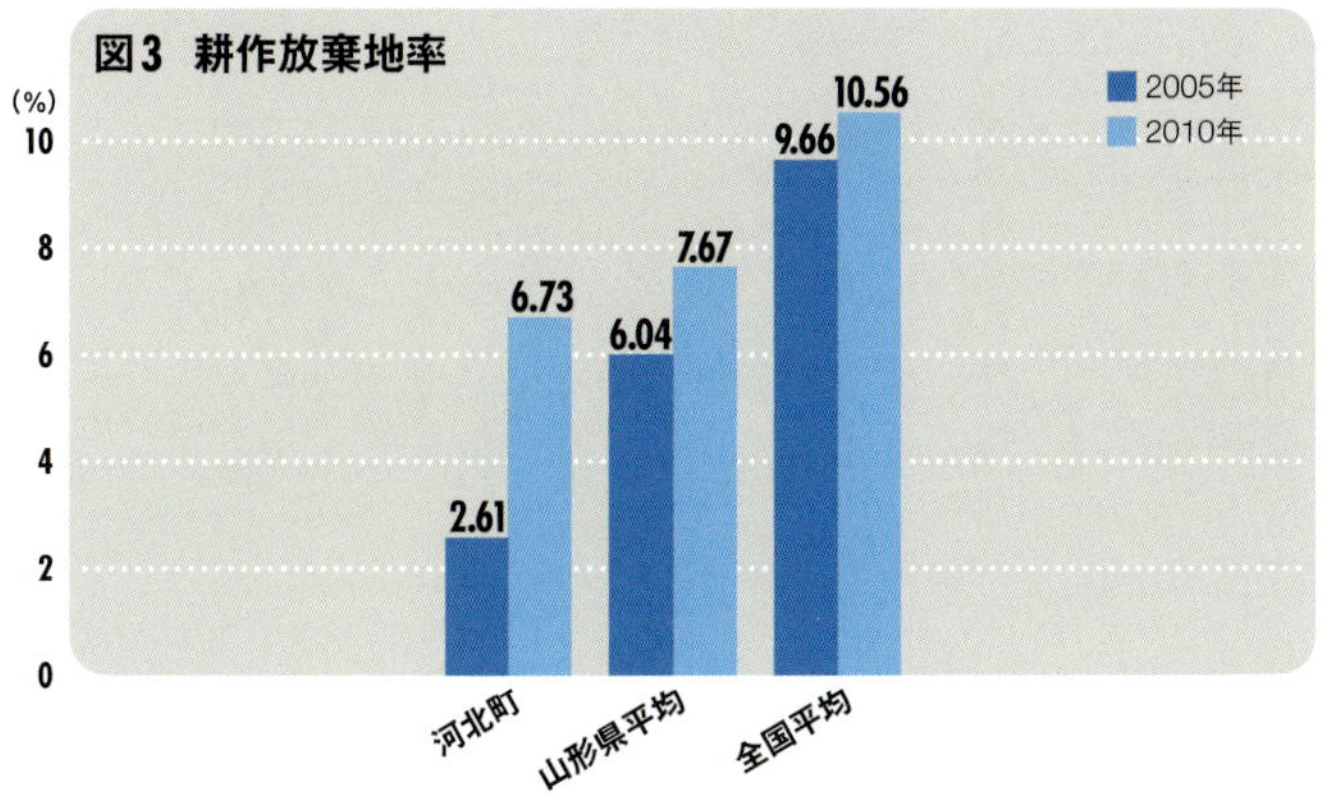

河上伸之輔さん
金沢青年会議所
政策起案者／副委員長

事例6 | 石川県 金沢JC

第3次産業の起業増加で付加価値創造へ

起業家相談グループ「金沢旦那衆」を結成

2015年3月の北陸新幹線の開業により、観光客の増加など、大きな盛り上がりを見せる、金沢市。その金沢市で、人口の社会減少と開業率の低迷を地域課題に挙げた地域再興政策が練られている。それが「金沢旦那衆」である——。

総人口

46万5810人

人口増加率

0.75%

高齢化率

21.15%

合計特殊出生率

1.39

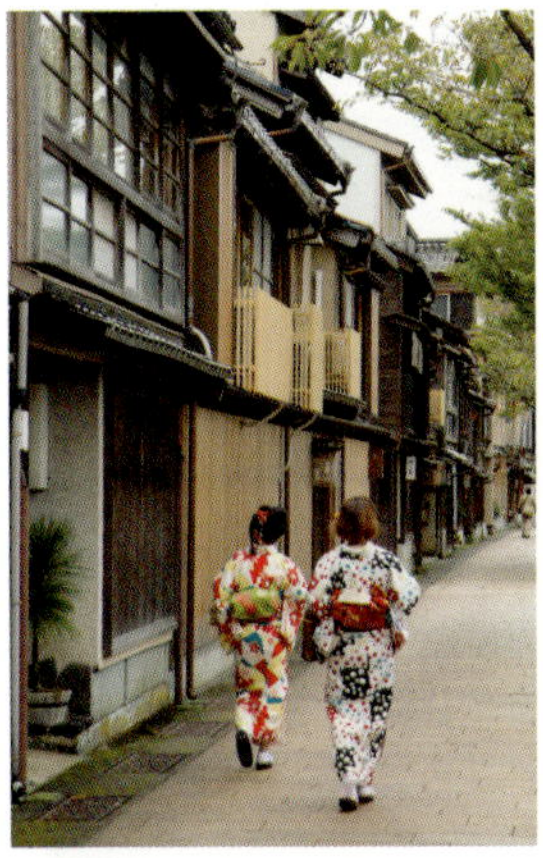

（右上）2015年３月に北陸新幹線が開業し、金沢駅ターミナルは大きな盛り上がりを見せている。（左上）金沢には多くの茶屋街が残り、大きな観光スポットに。続々と新しい店が登場している。（左下）金沢の大きな魅力といえば「食」。飲食店の開業も多い。

かつての金沢の旦那文化を起業家育成に利用する

石川県の中心地である金沢には、その昔「旦那衆」と呼ばれる、商家の主たちがいた。彼らは、工芸職人らに私財をなげうち、腕を振るう機会を与えてきた。こうした旦那文化があったからこそ、この地には、金沢漆器、加賀繍、加賀友禅、金沢箔といった伝統工芸品が今も受け継がれているのである。

一方、ＩＴ企業の集積地であるシリコンバレーでは、先輩経営者が起業家をサポートする仕組み（メンター）が整っている。

「シリコンバレーの仕組みは昔の金沢の旦那文化に似ているんです。この金沢に先輩経営者が起業家を支援していく『現代版の金沢旦那衆』をつくれば、面白い企業が多く生まれるはずだと」

こう話すのは「金沢旦那衆」と呼ばれる政策を立案した金沢青年会議所の副委員長・河上伸之輔さんだ。この政策立案の背景には、石川県の人口推移の低下に対する危惧があった。

「金沢市の人口は、２００５年で45万４６０７人、２０１５年で46万３８６７人と増加していますが、石川県全体では、１１７万４０２６人から１１５万２９２６人と微減していました。石川県全体を盛り上げるには、石川県の中心である金沢市の人口をもっと増やすことが必要不可欠なんです」

もう一つ、懸案すべきデータがあった。石川県の開業率は全国平均の４・６％（２０１４年８月、中小企業庁調べ）を下回る４・０％という点である。

「中小企業白書（２０１１年版）によると、開業３年以下の事業所数は、全事業所の中で１割未満なのですが、雇用創出の約４割を担っている。つまり、人口を増やすには、開業率をアップさせることがとても大事ということになります。それには石川県の開業率を改善させることが重要なんです」

県外から金沢市内に移住して起業しようとする人に対して、金沢市は起業相談窓口を設けたり、助成金制度も充実させている。全国的に見ても、金沢市は起業がしやすい地域といえる。

さらに、金沢での起業の成功を後押しする風も吹いている。それは観光客の増加による地域の活性化だ。２０１５年３月に北陸新幹線が開業し、東京と金沢まで約２時間半で結ばれたことで、いま、金沢の町中が大いに賑わっている。金沢一の観光スポットである「兼六園」は、２０１４年が１９６万人だった観光客が、２０１５年は約90万人増の２８８万人だ。

「金沢の持つポテンシャルの高さが、

この人気につながったんです。現在は、裏通りにもお店がどんどんできている。そういう意味で、小売業を筆頭に、観光に関わる産業は、金沢にとっては、大きな稼ぎ頭になっていて、今後ますますその傾向は高まると思います。その一方で、観光客の増加に対して、宿泊施設はかなり少なく、ゲストハウス運営など、起業チャンスはいくらでもある。さまざまな側面から、起業には最適なエリアになっているんです」

もちろん、いくら起業しやすいエリアであっても、金沢の住み心地が悪ければ、そこに人は根付かない。こんなデータがある。法政大学大学院研究班が行った「47都道府県の幸福度に関する調査」によると、石川県は、福井県、富山県に次ぎ、3位なのである。

起業希望者には、先輩起業家の助言が必要

このように起業家をはぐくむ土壌が整いつつある金沢市で、なぜ、その政策として「金沢旦那衆」の創設に白羽の矢を立てたのか。

河上さん自身、マンション経営や飲食店経営などを行う起業家であり、起業時は、先輩起業家のアドバイスが大きな力になった。金沢JCが起業家に対し「起業の際、どんな人に相談したいか？」というアンケートをとったところ、83％が「先輩起業家・経営者」ということだった。しかし、実際に「先輩起業家・経営者」に相談できたと答えた割合は40・4％であった。

「市の起業相談窓口の相談員は中小企業診断士やコンサルタントです。もちろん、彼らのアドバイスも有益ですが、起業家は『どんなときに不安に思うものなのか？』など、先輩起業家の具体的な助言を求めているんです」

現在、金沢JCには、会社経営者や企業の跡取りなど200人のメンバーがいるが、その全員が地域に貢献したいと思っている20～30代の若きリーダーたちだ。

「彼らには『自分の強み』を書き出してもらっています。そのリストの中から、後輩起業家が相談したい人を選ぶという仕組みにしたいと思います」

金沢旦那衆のメンバーを多くしているのには、理由がある。

「お店や宿泊施設などの観光関連の産業はもちろんですが、IT関連の産業など、さまざまな分野で、起業する人を増やしていきたい。そうすれば、いろいろな産業が結びついて、シナジー効果が生まれると思うんです」

この政策は、すでに移住・起業を推進している金沢市経済局商業振興課に事務局機能を委託することで、運営の追加負担は最小限に抑えられる点も大きな特徴といえる。この政策を通して、河上さんが描く金沢の将来像とは何か。

「まず、この政策を成功させて、一人でも多くの起業家を育てたい。そして次に『起業希望者』自体を増やす取り組みにも乗り出したい。そうした一連の政策を通して、日本全国から面白いことにチャレンジしたい人が集まるところにしたい。シリコンバレーはITの集積地として有名ですが、金沢もまた、起業家をどんどん生み出すまちであることが、歴史に残れば、最高ですね」

河上さんは、金沢でコアワーキングスペースの運営も行う。「才能ある起業家をどんどん呼んで、みんなが刺激し合える空間にしていきたい」と話す。

起業に関する相談相手は?

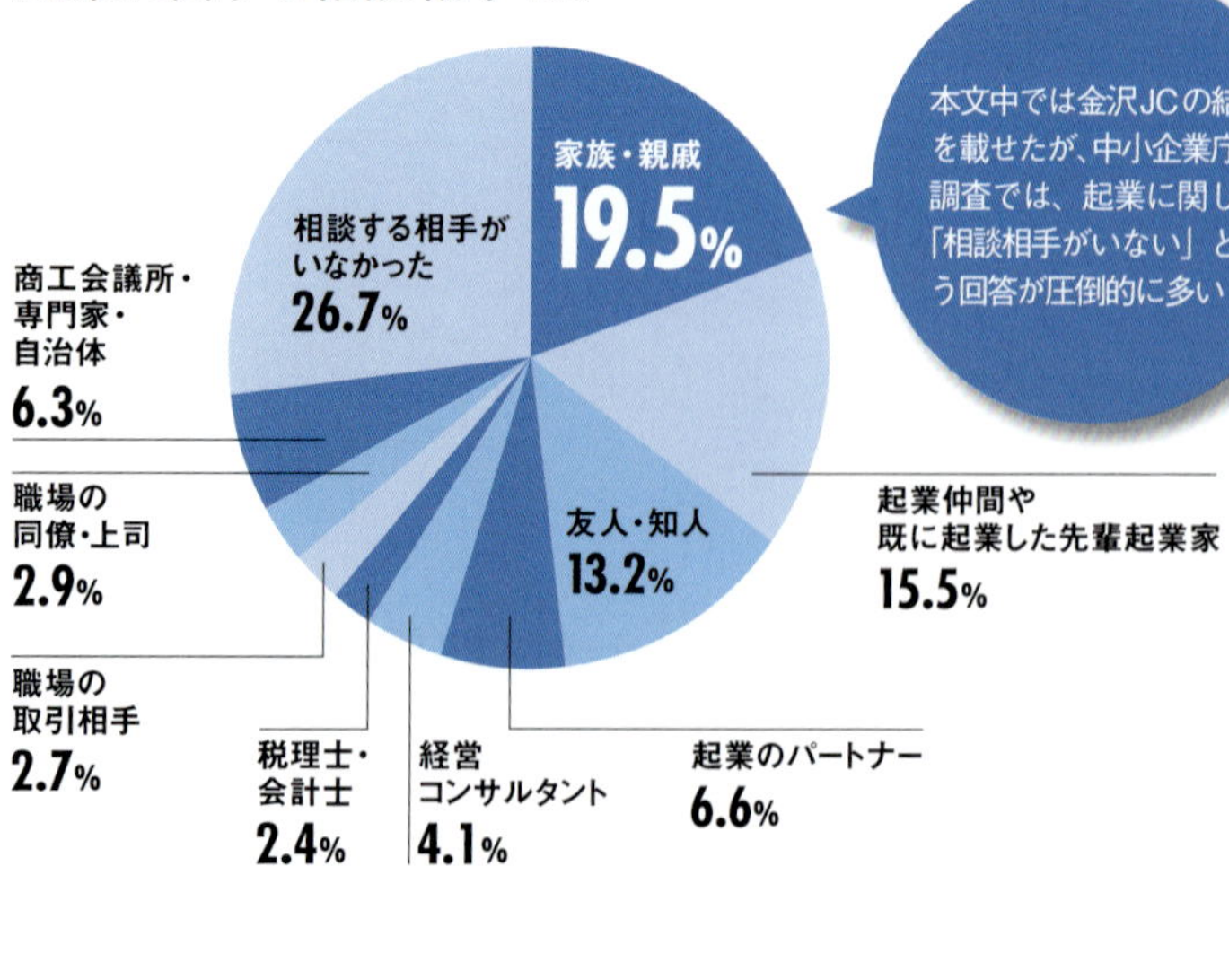

出展／中小企業庁委託「日本の起業環境および潜在的起業家に関する調査」(2013年12月、三菱UFJリサーチ&コンサルティング)

「金沢21世紀美術館」は、金沢の観光客の定番スポットとして、その人気を確実なものにしている。

金沢に移住
開業者に
聞く

林 俊伍さん 佳奈さん

Hayashi Shungo Kana

ゲストハウス運営

金沢市の出身で、名古屋で教師をしていた林俊伍さんが、妻・佳奈さんと共に、故郷へのUターンを決めたのは、2015年夏。何をすべきか考えた末、出した答えは「金沢のファンを増やす」だった。「このまちで育った私は金沢の魅力を多く知っています。その魅力を人々に伝えていきたいと思いました。旅の間、滞在時間が長い宿泊施設を運営し、様々な企画を通して、金沢のよさをアピールしていこうと」

開業準備の際、後ろ盾となったのが、金沢JCだった。起業時にはクラウドファンデイングを活用したが、金沢JCのバックアップで目標を超える資金が集まった。また、金沢JCによる地元のネットワークも、不動産探しなどで大きな力となった。16年9月に、2つのゲストハウスをオープン。「まずは、情報誌『あんやと』を発行し、旅行者に配りました。私が学生時代に通ったディープな金沢を案内したのですが、とても好評でした」

今、力を入れているのが旅行者向けツアーだ。1回目は「酒蔵ツアー」を計画。ここでもJCがよき相談役だ。

「金沢は老舗企業も多く、その方々もJCに在籍しています。彼らの協力を得ることで、ポテンシャルの高い金沢を掘り出すことができると確信しています」

現在は「ゲストハウス金沢 だわさる荘」と「ゲストハウス金沢 居乃一」を運営。「金沢大好きって言葉が一番うれしい」と佳奈さん。

金沢市の問題と解決まで
数字で見る

北陸新幹線開業で観光客が激増している金沢。このまちの開業率をアップすることで石川県全体を盛り上げたい。その道筋を探る。

観光客増の増加により産業にも好影響が

金沢市の2014年の産業マップ（企業数割合・個人事業所も含む）をRESASで見ると、卸売業・小売業が22・4％と一番高く、次いで宿泊業・飲食サービス業（15・4％）、建設業（11・5％）などが上位となっている。（図1）観光地として全国的にも知名度の高い金沢であるが、産業の内訳からみても観光と関連の高い産業の割合が高いことがわかる。

2015年3月に北陸新幹線が開業し、東京と金沢が約2時間半で結ばれたことで、金沢への観光客は格段に増えた。RESASの観光マップの目的地分析（検索回数ランキング）で、開業前の2014年5月と開業後の2015年5月で比較してみる。最も検索回数の多い兼六園で480回→856回、次いで近江町市場89回→189回、ひがし茶屋街41回→128回など、各施設で大きな伸びを示しているのが分かる。（図3）

また、観光客の増加は、金沢市経済局の『金沢市観光調査結果報告書（2015年）』からも顕著だ。兼六園は2014年の来場者が196万人であっ

RESAS ＞ 産業マップ ＞ 全産業花火図 ＞ 市区町村単位で表示（石川県金沢市） ＞ 横棒グラフで割合を見る

観光客の増加が卸売業・小売業の増加をも後押し

図1

RESAS ＞ 自治体比較マップ ＞ 創業比率 ＞ 市区町村単位で表示する（石川県金沢市） ＞ グラフを表示 ＞ 「創業比率_市区町村」から作成

＊拠点都市の中でも人口100万人以下の都市を抜粋

創業比率を同じ拠点都市で比較すると、まだ伸びしろがあることがわかる

図2 金沢と各拠点都市の創業率・伸び率を比較

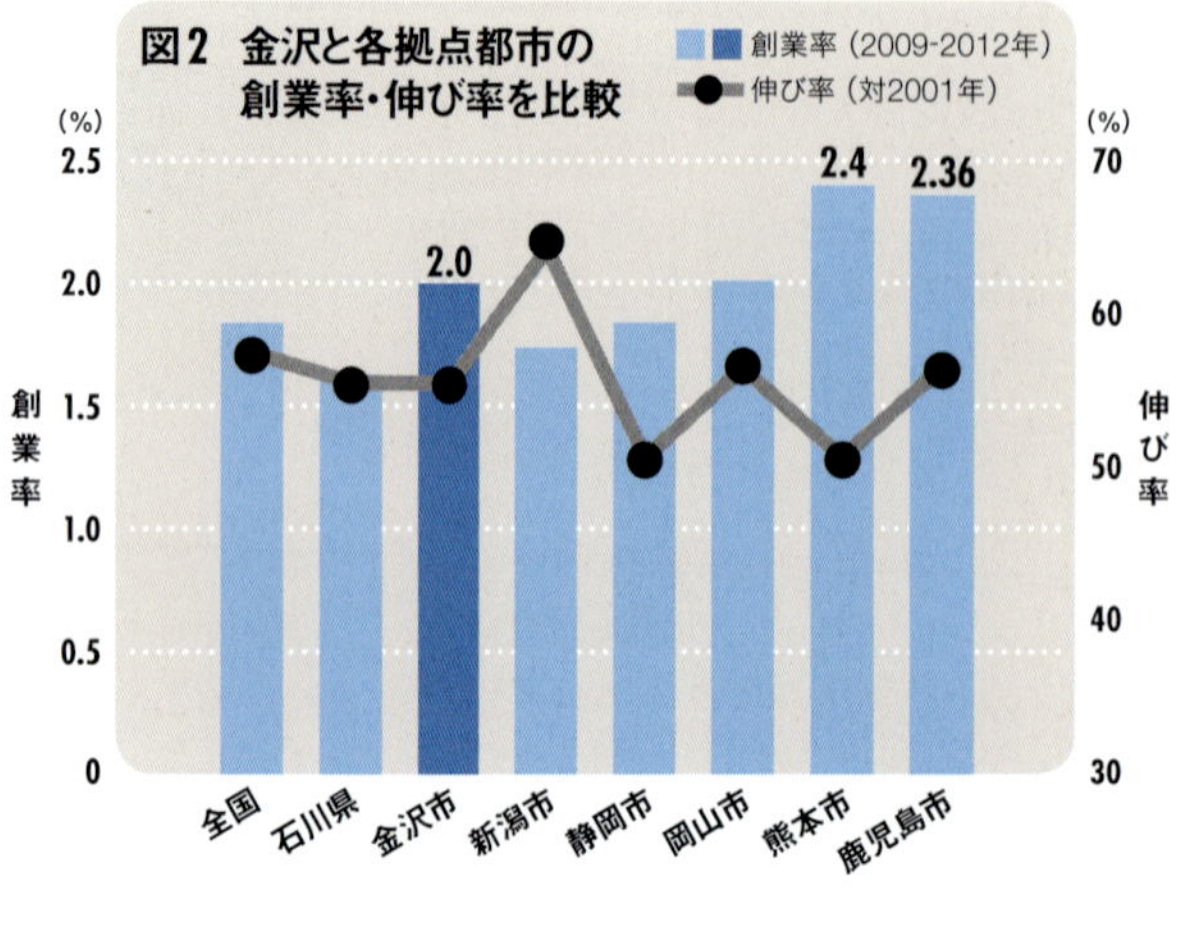

たのが2015年は288万人と約92万人も増えており、他の施設でも同様の傾向である。

一方で、金沢市は宿泊施設の不足も大きな課題になっている。観光客の増加に宿泊施設の数が追いついていないのだ。RESAS産業マップ（図1の詳細画面より）から見ると、宿泊業はわずか3・6％だ。石川県全体では8・4％である点からも、金沢市の宿泊業が低い数字であることがわかる。

新幹線開業のプラス効果は人材育成などソフト面も重要

新幹線開業当初、金沢市民の間では「新幹線効果は1年で終わる」とか、逆に東京に資本が流れてしまうストロー現象（※1）を懸念する声も多かったという。その新幹線開業の負の効果を出さないためにも、プラス面を有効に活用し、より地域内での魅力を高めていく工夫とアイデアが重要だ。例えば、商工業機能で言えば、交通の利便性が上がることで、企業・事業所や施設の拡大が期待されるが、その受け入れ態勢として人材育成やビジネス情報の循環といったソフト面の充実も重要だ。

また、観光面でも新たな観光ルートの開発やPR強化、商品開発などアイデア創出の強化が欠かせない。いずれも、金沢市の持つ優位性を、さらにプラスにしていくアイデア創出、そのための人材育成といったソフト面の地域の仕組みが求められてくるであろう。

RESAS ＞ 観光マップ ＞ 目的地分析 ＞ 市区町村単位で表示（石川県金沢市） ＞ 目的地検索ランキングを表示 ＞ 推移を見る

新幹線開通で主だった観光地の検索数が大幅UP

図3

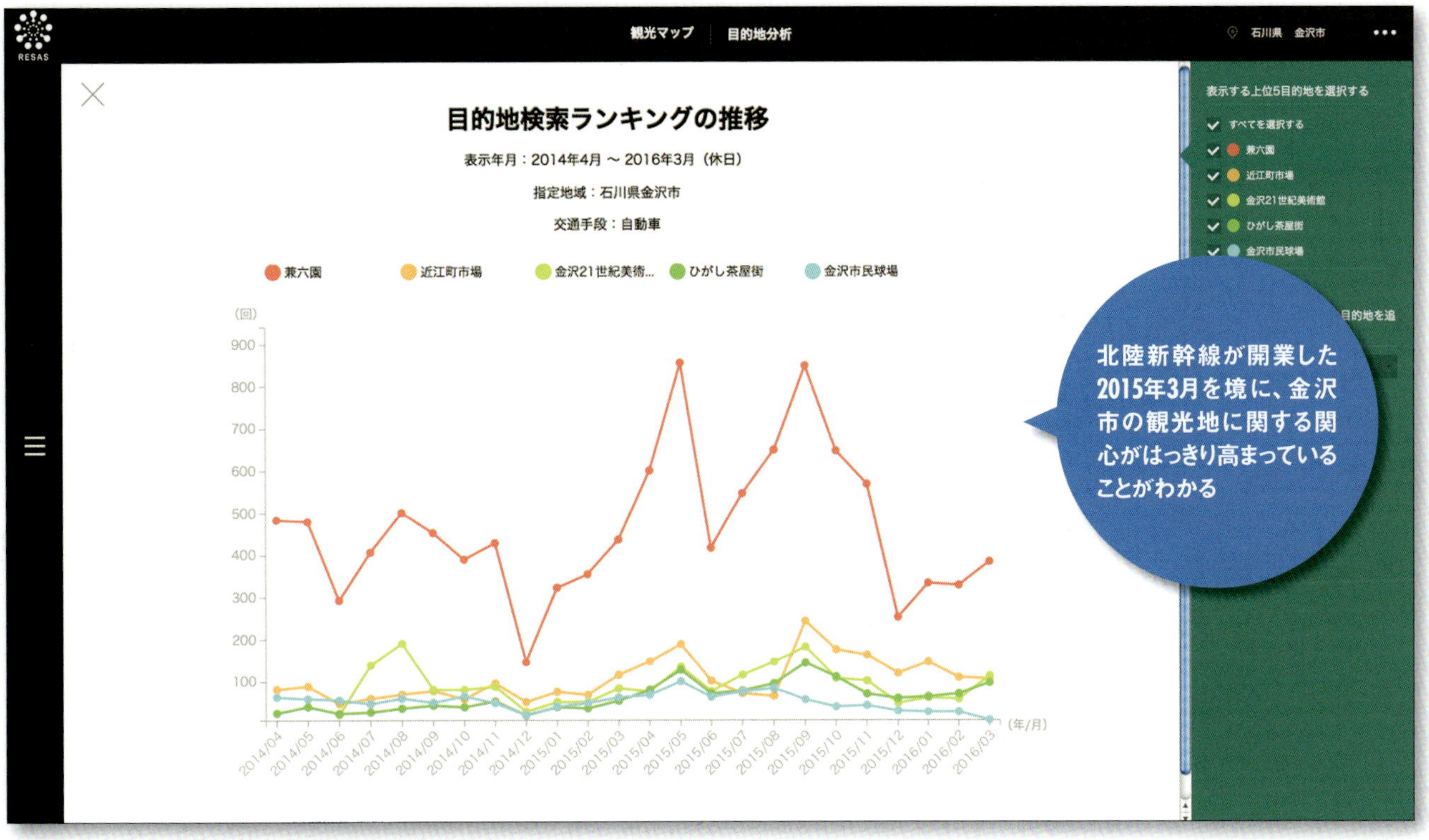

起業家をいかにして呼び込むかが課題

前ページでも紹介したが、起業家を受け入れる土壌は整っている金沢市だ。しかしながら、ほかの地方中核都市に比べて、開業率はまだまだ低い。創業比率（図2）をほかの拠点都市で比較すると、熊本市（2・4％）、鹿児島市（2・36％）であるのに対し、金沢市は2・0％である。2001年と比較した伸び率も、ほかの中核都市に比べて、良いとは言えない。

P71でも触れたように、金沢市は起業相談窓口を設けたり、助成金制度も充実させている。さらに、金沢市を拠点に置く北國銀行では、民間の金融機関としては画期的な無担保無保証融資も実施している。起業家を受け入れる体制は整っており、開業率の伸びしろはまだまだあると言えそうだ。

（※1）交通網の利便性により、大都市へ購買力や人材などの資本が流れて（吸い取られて）しまう現象のこと。

1釜ゆでをして食べるベニズワイガニ。甘みが特徴だ。2漁港で捕れたばかりの南蛮エビ。活きのいい刺身は絶品。3糸魚川ＪＣのメンバーが手作りした歓迎の横断幕。4白馬岩岳スノーフィールドで開催した野外イベントの様子。5糸魚川の海の幸、銘酒に満足げなシャトルバス利用者。6買ったカニをその場で食べられる「マリンドリーム能生」。

サクセスストーリー2　新潟県糸魚川JC

シーフードシャトルで自らインバウンド景気を起こす！

地域の人口減少に憂慮していた糸魚川JCは、外国人観光客で賑わう
冬の「白馬バレー」に目をつけ、白馬バレーと糸魚川とをつなぐシャトルバス事業を実施した。
試みに始めた事業は、交流人口の拡大に向けた「大きな一歩」となった。

能生漁港のセリに参加する仲買人ら。新鮮な魚介類はこの後、市内の飲食店などへ卸される。シャトルバス事業のリーダー・片山良博さんのお気に入りスポット。

人口が減り続ける「海のまち」交流人口の拡大に活路を見出す

糸魚川《いといがわ》は、新潟県最西端の海のまちだ。糸魚川駅北口（日本海口）から15分も歩けば、国道8号から青々とした海を遠望できる。海岸線を縫うように走る道路は「日本海夕日ライン」と呼ばれ、夏から秋にかけての夕方には空と海が茜色に染まる。しかし、海沿いには老朽化した空き家も点在し、活気に満ちたまちとは言いがたい。

市の総人口は1955年に7万7878人（旧糸魚川市、旧能生町、旧青海町の総計）を数えたものの、2005年の市町合併時には5万人を割り込み、15年には4万5188人にまで減少。さらに25年には4万人を、45年には3万人を割り込む見通しだ。（図1）

「私たちは皆商売をしているので、子どもが会社を継ぐころには商売がどうなっているのか、危機感を持っていました。2年半ほど前、自治体消滅論を発表した増田レポートが話題になりましたが、このままでも対策を講じなければと思いながら、2015年度の活動内容を決めていったんです」

こう述懐するのは、糸魚川青年会議所（JC）の2015年度理事長を務めた山田卓矢さんだ。山田さんは、電動機や発電機の販売・整備などを手がける真砂電機製作所の代表で、小さいころからまちの変化を見続けてきた。その敏感なアンテナは、県境を越えた隣まちの異変に反応した。

「そのころ長野県の白馬周辺で訪日外国人観光客が急激に増えていました。ペンション・クルーという宿泊施設を経営し、外国人観光客をたくさん受け入れている岩﨑智さんという先輩（糸魚川JC2013年度理事長）から、日本の田舎の文化は外国人に喜ばれるという話を聞き、糸魚川で交流人口の拡大を図れないかと思ったんです」

交流人口とは、地域外から訪れる観光客や短期滞在者の総数を指し、その地域に暮らす定住人口に対する概念とされる。定住人口の水準は地域の格や力を示す指標だったが、2008年以降、人口減が顕著になり、交流人口を増やすことで地域の活力を取り戻そうという考え方が台頭するようになった。交流人口が増えれば、観光・レジャースポット、鉄道・バス、宿泊施設、飲食・土産物販売店などさまざまなところへ好影響が及ぶことから、集客都市を目指す地域は少なくない。

冬山という地域資源を持つ長野北西部の1市2村（大町市、白馬村、小谷

RESAS ＞ 人口マップ ＞ 将来人口推計 ＞ 新潟県糸魚川市を選択 ＞ グラフで表示

人口減少が進み、2045年には3万人を割り込む可能性も

図1

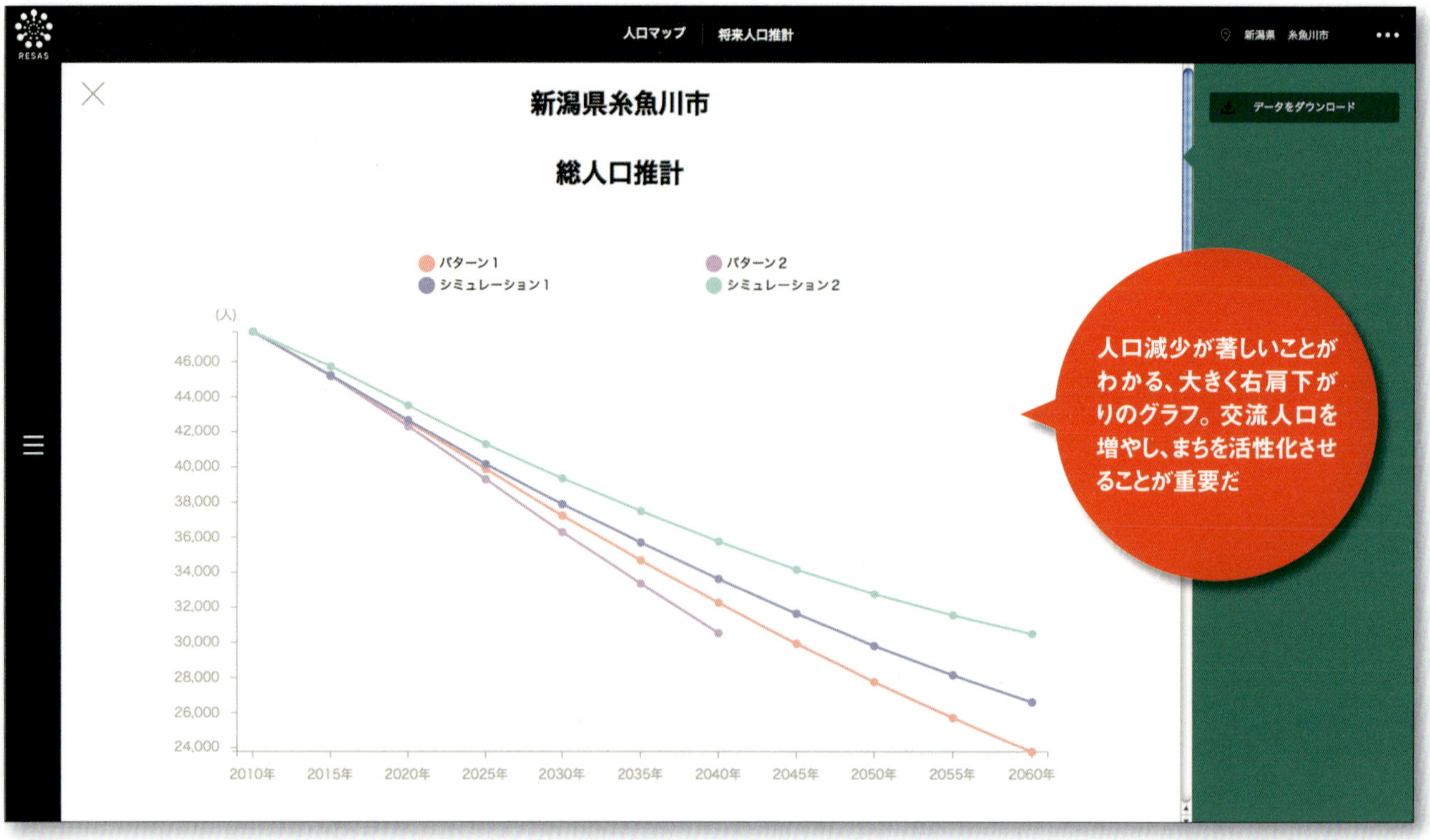

総人口

4万4161人

人口増加率

-7.42%

高齢化率

32.95%

合計特殊出生率

1.66

（左）糸魚川市内には能生漁港、浦本漁港、市振漁港、筒石漁港などの漁港がある。糸魚川の漁場は、海底の地形が急峻で、捕れる魚も豊富だ。（右）「焼き物としてよし、刺身としてよし」の高級魚・赤ムツ（のどぐろ）。

村）はその代表格だ。新潟と富山に挟まれたこの豪雪地には、1998年の長野冬季五輪の競技会場になった白馬八方尾根スキー場など10以上のスキー場が集中し、白馬バレーと呼ばれる。長野五輪の聖火が消えた後、白馬バレーの観光業はバブル崩壊後の低成長期と重なり不振に陥ったが、有志団体「ハクバ・ツーリズム」と白馬村観光局が外国人観光客の受け入れ環境を整え、まちに外国人が溢れるようになった。特に増えたのはオーストラリア人だ。南半球で暮らすオーストラリア人からすれば、ほぼ時差のない日本は夏の休暇を過ごすのに適しコテージを借り切って長期滞在をする人も現れ始めた。

人気が高まるにつれ、うれしい悲鳴も上がるようになった。スキー場を運営する事業者らが結成した組織「HAKUBA VALLEY 索道事業者プロモーションボード」によると、白馬バレーの外国人宿泊者数は13—14季が約12万3000人泊、14—15季が約15万9000人泊、直近の15—16季が約20万人泊。外国人はまちの飲食店で夕食を楽しもうとするが、外国人だけで20万人も押し寄せるようになり、繁忙期には白馬バレーの飲食店だけでは吸収できなくなった。予約をとれず途方に暮れる外国人観光客は〝夕食難民〟と呼ばれた。

そこに目をつけたのが糸魚川JCだ。彼らを糸魚川へ呼んで夕食機会を提供しようと、白馬バレーと糸魚川を結ぶ「白馬VALLEY＋糸魚川SEA広域連携事業／糸魚川シーフードシャトルバスプロジェクト」（以下シャトルバス事業）を企画した。運行期間は2016年1月6日から2月11日までの毎週水、木曜日。27人乗りマイクロバス（片道500円）で白馬東急ホテルを16時30分に出発し、糸魚川駅に17時50分に到着する。糸魚川での滞在時間は約3時間。利用者はその間、受け入れ態勢の整った駅周辺の16店舗などで過ごす。タイミングが合えば、地元漁港で捕れた甘みのある南蛮エビや脂の

糸魚川の独特な地質や文化を感じ取れる「糸魚川ジオパーク」は09年8月に世界ジオパークに認定された。「フォッサマグナミュージアム」には日本の石に選定されたヒスイの原石などが飾られている。

白馬バレーと連携をし、スキー旅行に来ている外国人観光客らに海のまち・糸魚川の魅力を伝え続けたことがシャトルバス事業の成功につながった。写真右は糸魚川駅に降り立つバス利用者ら。

乗った赤ムツ（のどぐろ）などの魚介類を堪能できる。滞在中は、赤いハッピを羽織った糸魚川ＪＣのメンバーや、糸魚川市交流観光課のセオドア・ブラウンさんらがサポートしてくれる。

　シャトルバス事業の実行部隊を率いたのは、糸魚川ＪＣ２０１５年度グローバル観光委員長の片山良博さんだ。片山さんは地元の旅行代理店・三愛旅行社の取締役企画室長。近隣への日帰りバスツアーや泊まりがけの海外旅行のほか、生き方・働き方発見ツアーなど旬のツアーを提案する旅のプロだ。

「山田さんが先輩の岩崎さんから情報を得て、白馬へ視察に行ったんです。そのとき、後々お世話になる白馬村観光局さん、白馬東急ホテルさん、白馬山麓ツアーズさんから夕食難民が増えていると聞きつけ、話を糸魚川ＪＣに持ち帰ってくれました。本業が旅行業ということもあって、片山さん、やってみないかと指名していただいたんです」

　そうして生まれたのが白馬バレーと糸魚川の経済効果を追求する「白馬ＶＡＬＬＥＹ＋糸魚川ＳＥＡ広域連携」構想で、シャトルバス事業はその中核事業という位置づけだ。

　広域連携には利害調整の難しさがあるとされるが、「ＷＩＮ・ＷＩＮになる関係」（山田さん）だったので、交渉はスムーズに進んだ。白馬バレー側はオリンピック後の閑散期を知っているので、リピーターを増やすためのコンテンツを、危機感を持って探していた。と同時に夕食難民の解消という難題を抱えていた。糸魚川のほうは、外国人観光客に一度遊びに来てもらい、新鮮な魚介類など自分たちの地域資源をＰＲしたいと考えていた。山と海という異なる資源を持つ〝お隣〟同士は、足りないところを補い合う理想的なパートナーだった。

地公体などの協力を得て事業は好評のうちに終了

　広域連携の枠組みを大切にしようと、一つひとつの連携事業には手間暇をかけた。

　２０１５年２月には国内外の観光客で賑わう白馬岩岳スノーフィールドへ赴き、餅つきやアンコウの吊るし切りなどの野外イベントを実施。その後、白馬村観光局でインバウンド事情をヒアリングし、糸魚川ＪＣからはシャトルバス事業の構想を提案した。その場には行政の関係者もいた。「行政にもインバウンドの可能性を感じ取っても

北陸新幹線 糸魚川駅の開業により 2015年の観光客は前年比126.8%となった

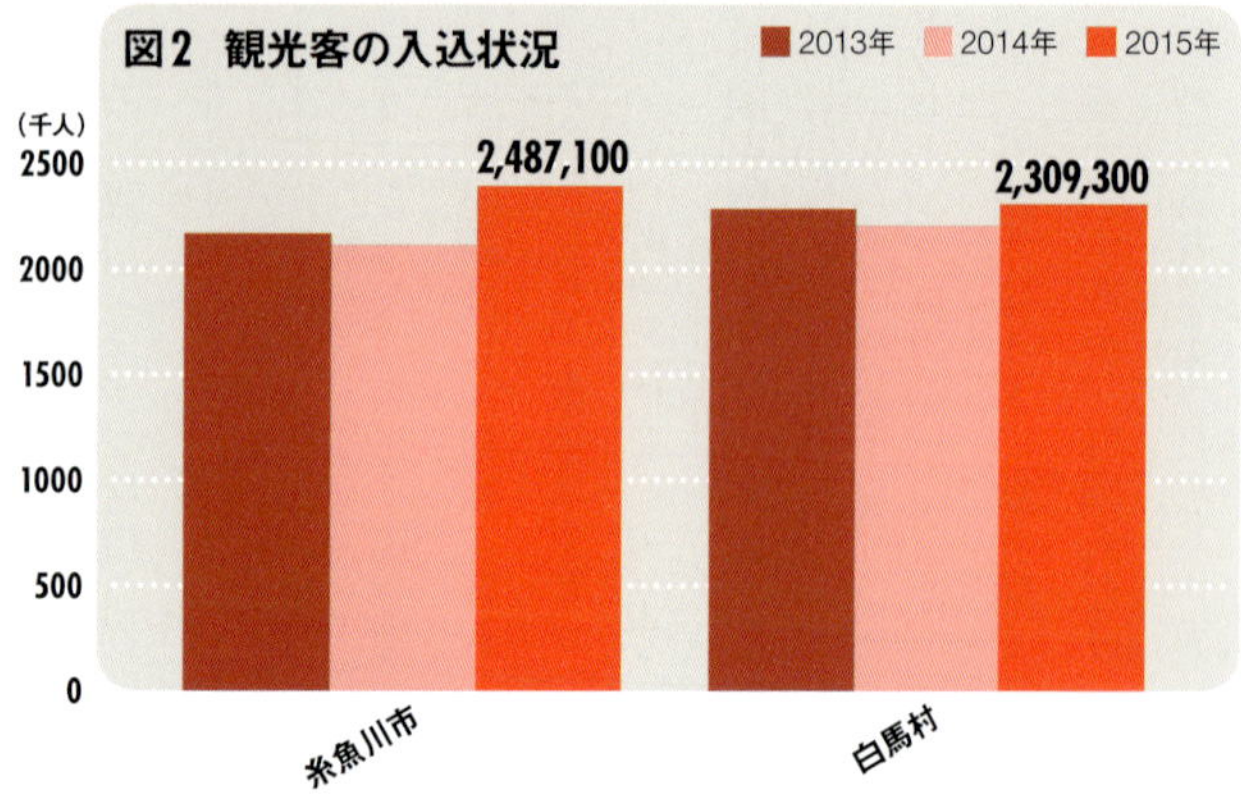

外国人宿泊者は 白馬村が圧倒的に多い

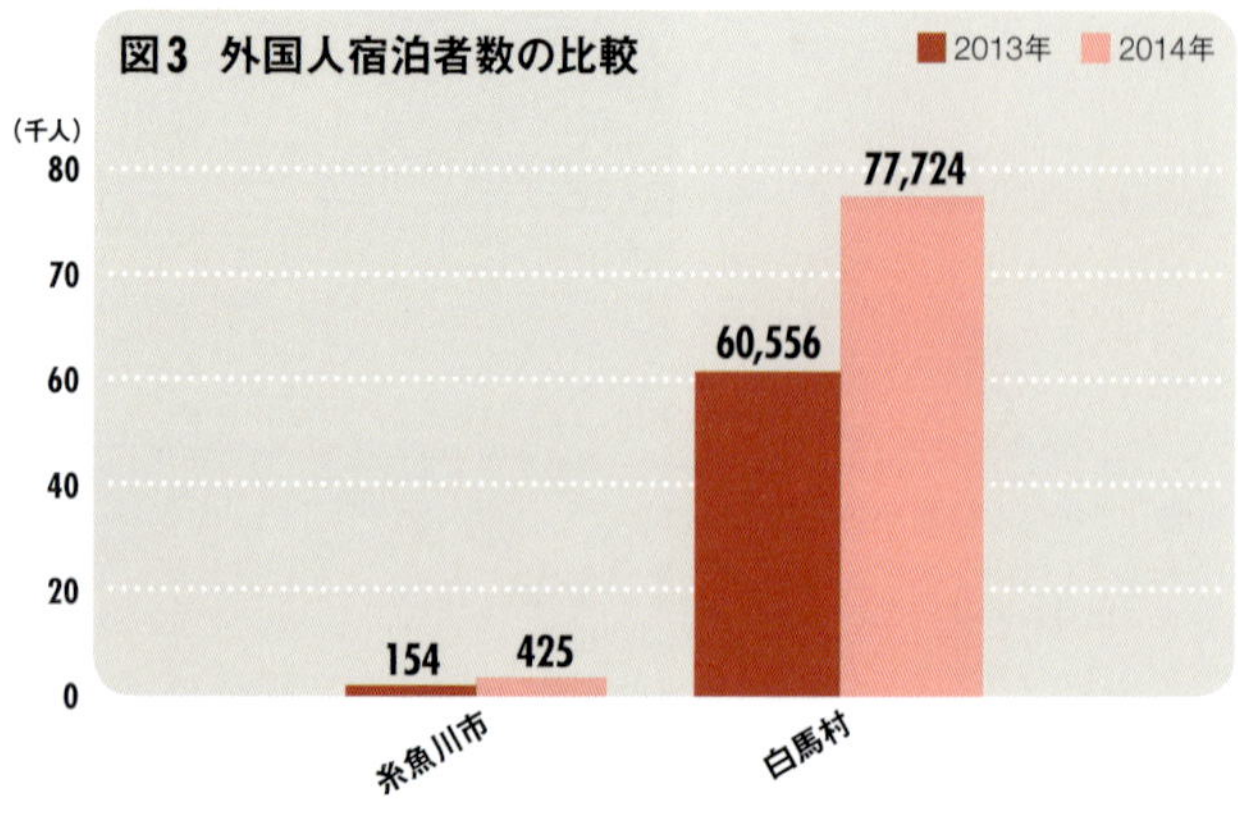

図上　出典／糸魚川「糸魚川市観光入込客統計調査結果」／白馬村 観光統計「観光客入り込み状況」
図下　出典／糸魚川市観光協会（電話調べ。ただし大きな宿泊所のみの概算）／長野県 外国人延宿泊者数調査

地元の海洋高校相撲部・能生中学校相撲クラブは強豪として知られる。
稽古は一般公開され、国内外の観光客に喜ばれている。これも地域資源の一つだ。

「らう」というのは「漁師の店おけさ」を営む伝兵水産の代表、伊井浩太さんの提案で、「それが補助金の支給などにつながった」（片山さん）という。

事業構想が明確になった2015年9月には、白馬バレーの飲食店経営者らを糸魚川に招き、行政や地元飲食店関係者の前でインバウンドの実例を語ってもらった。白馬で飲食店を営む女性の「私たちも英語を話せないが、英語のメニューをつくれば大丈夫」「メニュー表には食材の説明を写真入りで載せたほうがいい」などの励ましや助言に、糸魚川の関係者は何度も頷いた。

運行を翌月に控えた2015年12月には、受け入れ協力店向けの説明会を開き、接客や英語メニューづくりに関する講義を行った。講師の1人で、シャトルバス事業で通訳を務めるブラウンさんは「外国人をガイジンと呼ばない」「相手の顔を見て笑顔で接することが大事」といった助言をした。それと並行し、白馬バレー側との打ち合わせ、糸魚川JC内での会議を重ね、白馬八方尾根スキー場や八方インフォメーションセンターなど各所に約1万3000部のチラシをまき始めた。

シャトルバス事業は2016年2月11日、全旅程を終了。糸魚川JCが集計したアンケート結果によるとシャトルバスの利用者はちょうど100人。当初掲げた160人という目標には届かず、ボリュームという点では物足りなさが残ったが、複数回利用する人もいて、十分手応えのある内容だった。利用者の反応もよかった。アンケートの「また糸魚川を訪れたいですか」という問いに対し、74人が「はい」と答えた。移動時間80分程度で海のまちの佳肴を楽しめたことがこの反応につながっているが、利用者の満足度を引き上げたのは糸魚川の人の魅力だった。

糸魚川駅前で「居酒屋源兵衛」を30年以上切り盛りする老夫婦は単語のスペルがよくわからず、キャンパスノートに平仮名で「うぇあ・あー・ゆー・ふろむ？」と書いた。1月6日の運行初日に10人ほどの外国人がのれんをくぐったが、一生懸命コミュニケーションをとろうとする不器用な老夫婦に皆が温かい気持ちになり、意味を理解した人たちがメッセージを残した。糸魚川JCでは当初、うまく話せないことが利用者の不満点になると想定し、英語のメニューや看板を用意したが、蓋を開けてみたら「外国人は店側に流暢な英語など期待しておらず、コミュニケーションが円滑にできないのも旅の面白さと受け止めてくれた」（片山さん）という。

シンガポールから来た家族4人はアンコウ鍋を味わった後、帰りのバスに乗り込むまでの時間を利用し、雁木（積雪時にも通行できるよう施設された雪よけの木造アーケード）で知られる本町通り商店

糸魚川シーフードシャトルバス 運行スケジュール

シャトルバス運行実施スケジュール

2016年

- **1月** 6日(水)、7日(木) / 13日(水)、14日(木) / 20日(水)、21日(木) / 27日(水)、28日(木)
- **2月** 3日(水)、4日(木) / 10日(水)、11日(木)(祝)

※毎週水曜日、木曜日 全12回

シャトルバス実施タイムスケジュール

白馬東急ホテル

16:30 ↓　22:15 ↑

白馬八方 インフォメーションセンター

16:45 ↓　22:00 ↑

糸魚川駅

17:50〜21:00

※糸魚川の滞在時間は約3時間

実施までの準備スケジュール

- **2015年12月3日(木)** 英語メニューづくり及び おもてなし講座
- **2015年12月7日(月)** シャトルバスチラシ校正案入稿
- **2015年12月14日(月)** シャトルバスチラシ作成完了
- **2015年12月中旬** エッセンシャルガイド (白馬飲食店ガイドブック) 設置
- **2015年12月中旬** シャトルバスチラシ設置 13000部

街の「旧倉又茶舗」（現・町屋博物館）へ向かった。4人を接客したのは「糸魚川の町屋文化を守り伝える会」（町屋会）の代表を務める小川英子さん。親御さんには雁木の説明をしたり、わたこ（防寒具）や箱枕などの陳列品を紹介したりした。2人の娘さんには、羽子板、かるた、だるま落としといった正月遊びを体験させた。外国人が急増した白馬バレーにはない日本らしさと温かいもてなしに4人は満足して帰ったという。

感謝を込めて、片山さんがいう。

「シャトルバス事業は日本JCが主催する『AWARDS JAPAN 2016』の最優秀賞に選んでいただきました。糸魚川市と、北アルプス日本海広域観光連携会議は補助金を支給してくれました。新潟県糸魚川地域振興局は宣伝面で支えてくれました。白馬バレーで集客をしてくれたのは白馬村観光局や白馬山麓ツアーズのスタッフです。多くの協力や、補助金をいただけたのも、JCの先輩が地域で素晴らしい取り組みを続けてきたからです。そうしたすべての人たちの力で運行できました。外国人の皆さんがまた来るねといってくれ、私たちもバスが見えなくなるまで手を振り続けました。皆さんがいい表情で白馬へ戻っていくのを見ながら、やってよかったと心から思いました」

糸魚川駅から市内の受け入れ協力店（16店）へ向かうバス利用者。通訳や道案内もいるので、安心して食事を楽しめる。糸魚川での滞在時間は約3時間。当然〝はしご〟をする人も多い。

2季目に入るシャトルバス事業 いずれは「旅の目的地」に

シャトルバス事業の成功の背景には、①See（情報の収集。白馬バレーで訪日外国人観光客が急増しているとの情報）→②Think（分析と考察。広域連携を模索できるとの発想）→③Plan（計画の策定。地公体や各種団体と連携をし、シャトルバス事業をプランニング）→④Do（計画の実施と検証）という「STPDサイクル」がある。JCの事業は単年度完結型がほとんどだが、シャトルバス事業は異例の継続事業となった。現在、山田さんは直前理事長として、片山さんはアトラクティブ「志縁」委員会副委員長（白馬VALLEY+糸魚川SEAプロジェクト兼任）として2016年度理事長の松澤高志さんを支えながら、2季目の⑤See→⑥Think→⑦Plan、⑧Doを進めている。

2016年度の目標は利用者200人。16年3月の実施報告会で吸い上げた課題を踏まえ、3つの改善を図る。

1つ目として、運行予定を水・木曜から水・木・金曜とする。2015年度は協力店側が余裕を持って接客できるよう、店内が比較的空く水・木曜に設定したが、白馬の夕食難民が日本人の多い金曜夜に発生しやすいことから新たに金曜を加えることにした。2つ目として、白馬東急ホテルの出発時間を16時30分から17時とする。これは日本人のニーズに応えるためだ。日本人は今回の利用者100人のなかにもいたが、糸魚川で食事を楽しみたいという白馬在住の日本人は意外に多く、「出発時間を少し遅くしてくれたら仕事終わりにバスに乗りたい」といった声も聞かれたという。3つ目として、移動中の環境改善を図る。現在のマイクロバスにはモニターや音源装置がない。車中で過ごす80分を有効に活用するため、テレビを設置し、協力店の宣伝VTRなどを流すことを検討している。

いまはまだ「スキー旅行のついでに寄ってもらう」（片山さん）かたちだが、いずれは糸魚川を〝旅の目的地〟にしてもらいたいと考えている。

「糸魚川は海と山に囲まれている面白いまちで、平地が少ないんです。積雪量は多く、シャルマン火打スキー場は5月上旬まで滑走できます。スキーで山を下りた後、近くの海でサーフィンをすることも可能です。1時間ほどの移動時間で冬と夏のスポーツを楽しめるまちはほかにないはず」と片山さんも胸を張る。

糸魚川の魅力は「笑顔」と「おもてなしの心」。糸魚川ＪＣが「バス利用者に不自由な思いをさせないように」（片山さん）と作成した英語入りのメニュー。シャトルバス事業終了後に実施したアンケートからは、利用者の満足度の高さが窺えた。

糸魚川は、「日本の石」に選定されたヒスイの産地でもある。地元の渓谷や海岸で見つけたヒスイは市内の博物館「フォッサマグナミュージアム」で鑑定してもらえる。縁結び神社として人気の天津神社など、名所は数え切れない。

「いずれは夏場や昼間の日帰りツアーなども手がけたいし、すでに白馬山麓ツアーズさんは外国人向けの糸魚川日帰りツアーを実施してくれました。白馬を昼出発し、日帰り観光をし、夕食を食べてから白馬に戻るといった旅程なら客単価が５０００円ほどになり、補助金に頼らなくてもすみます。また北陸新幹線が延伸して大阪までつながれば関西の人たちが白馬バレーへ行く際に必ず糸魚川駅を使うことになり、糸魚川の存在価値は高まります。日本列島を東西に分ける『糸魚川・静岡構造線』の西縁が通る糸魚川には、東西の文化や習慣が混在しています。このまちは多様性を受け入れてきた〝共生のまち〟です。今後も人と人とのご縁、まちとまちとのご縁を大切にしながら、交流人口の拡大に向けた取り組みを続けていきます」

縁ある白馬で結婚式を挙げたばかりの片山さんがこう締めた。

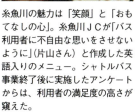

文字通り「カフェ」を思わせる小粋な空間。参加者たちはお菓子をつまみ、コーヒーやお茶を口にしながら課題と向き合う。

Let's Study RESAS!

氷見市｜RESASカフェ潜入レポート

データ活用型 ワークショップに行こう!

今どきのワークショップは「データの有効活用」がトレンド。
日本青年会議所の「RESASカフェ」は格好のお手本といえそうだ。

富山県氷見市は ワークショップ先進地

寒ブリで有名な富山県氷見《ひみ》市は、市民が参加する街づくりの先進地でもある。市が主催するワークショップは実に年60回ほど。そんな意識の高さもあってのことだろう、今年10月17日、日本青年会議所（JC）がこの地で行ったワークショップ「RESASカフェ」は大いに盛り上がった。「RESASを一般の方々にも活用してもらうために全国各地で開いているのですが、行政の方が協力的なこともあって、氷見市はすべてがスムーズ。とてもやりやすく感じました」と、JC地域再興会議副議長の大矢希さんは話す。

市の複合施設、氷見いきいき元気館を会場に幕を開けた「RESASカフェ」。そのエッセンスを紹介しよう。

「データが肝」のワークショップだけに、全員がノートPCやタブレットなど、端末持参だ。

STEP 1

RESASって何だ?
まずは活用法を学ぶ

歯切れのいい口調でレクチャーする大矢さん（上）。RESASの勘どころを押さえた中身の濃さの割に、肩の力を抜いて聞けた。通り一遍のマニュアルとは違う、独自の工夫の賜だ。

RESASが示すのは解決策ではなく「データ」

「RESASカフェ」のスタートは夜の7時。仕事帰りのリラックスムードとともに、市内外のビジネスマン、20人ほどが会場に集まった。

まずは基本的な活用法を学ぶレクチャーからだ。官民のビッグデータをワンストップで見られること、簡単な操作で数値データを視覚的に捉えられること、KKO（勘・経験・思い込み）によるのではない客観的な現状分析ができること……など、RESASの持ち味の解説がひとしきり続く。

ポイントを簡潔に押さえていくテンポのよさもさることながら、特に印象深いのは、「何のためのRESASなのか」という目的意識の共有に力点が置かれていたことだった。

「まず大事なのは地域や組織が抱える課題に関する気づきを、みんなが共有することです。その際、RESASを上手に使えば、課題の存在がはっきりとした根拠によって裏づけられます。それでこそ課題解決のための戦略立案という次のステップに進むことができる。そこでもRESASのデータが取り組みの目標値や指標となることはいうまでもありません。いずれにしても大前提として、RESASが提供するのは解決策ではなく、あくまでもデータだということを肝に銘じる必要があります」（大矢さん）

もうひとつ注目したのが、レクチャーに使ったスライドのわかりやすさ、ユニークさだ。この種のイベントの資料はとかく堅苦しくなりがちで、一方的に話を聞かされていると眠気を催したりする。その点、この日のそれはジョークを交えたコンテンツから遊び心が感じられたせいか、集中力が持続した。スタッフが試行錯誤の末に編み出したという独自のRESAS活用法（後述）も興味を引いた。

参加者に聞く

三国博之さん
Mikuni Hiroyuki
三権商店
代表取締役社長

今日学んだのは「RESASサーフィン」と並行してほかの情報も調べることの重要性です。今回、まずは米を一番生産している地域を調べたのですが、ネットであれこれ見ていくと生産高が一番のところが消費者から一番支持されているとは限らないんですね。当たり前のように思っていることを疑って、幅広いソースに当たるべきかな、と。

もう一つ思ったのは、自分の会社の仕事とは全然関係ないような角度から調べてみたら、新しい切り口が見つかるんじゃないか、ということです。おかげさまで少し視野が広がったような気がします。

CHECK!

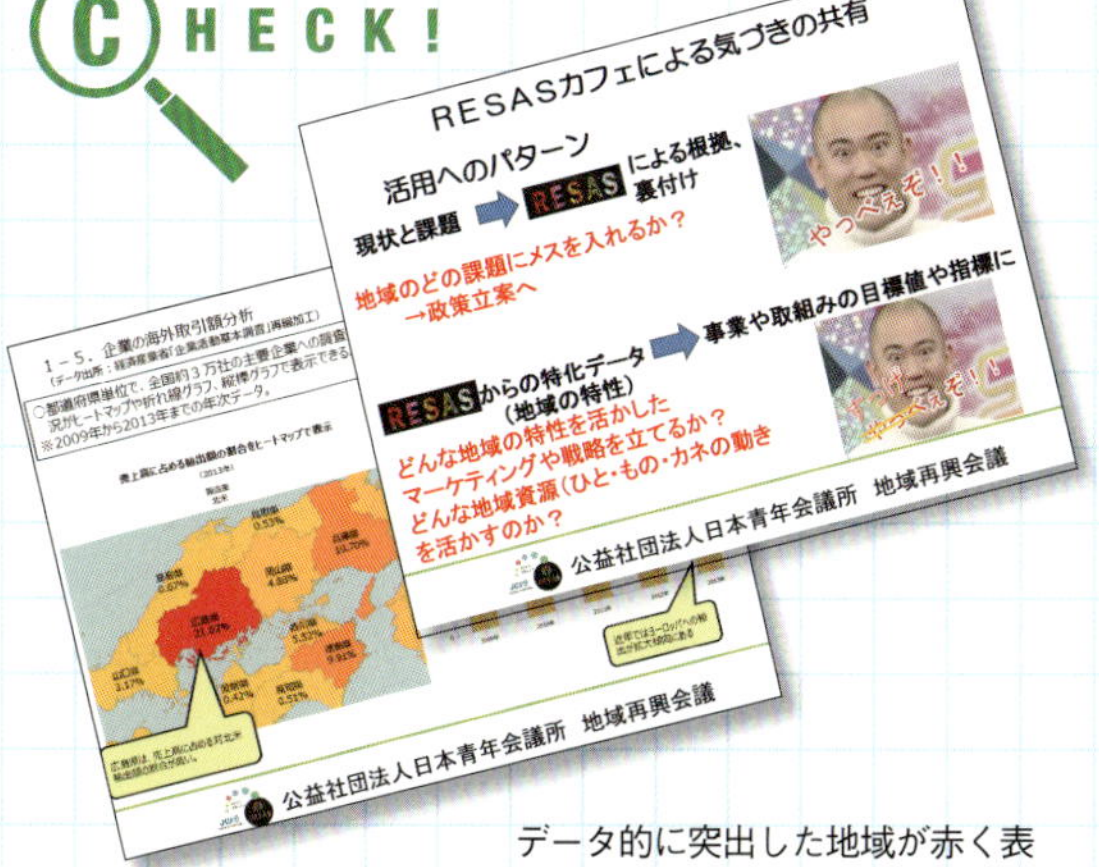

データ的に突出した地域が赤く表示される「サーモグラフ」もRESASの大きな特徴。スライド資料は思わず脱力する遊び心も印象的。

各グループを回って使い方などの質問に答える禅野さん（左端）。一見するとややこしいが、使っているうちに要領がわかってくる。

STEP 2

グループワークしよう！

身近な「お題」でRESASを体感

有意義な気づきでわかるRESASの威力

使い方の基本を学んだら、いよいよグループワーク。3〜4人のグループごとに、与えられた課題に沿ってRESASでデータを集め、それをヒントに考えをまとめる。この日のテーマは左のスライドにある3つだ。すなわち、米作りと農業の今後、地方税・市町村民税、富山県と他県の外国人観光の実態を比較して気づくこと……。

RESASの使い勝手がわからない最初のうちこそ戸惑いが見えたが、そのうち「へえ」「お！」といった気づきの声が、あちこちで聞こえ始めた。

CHECK!

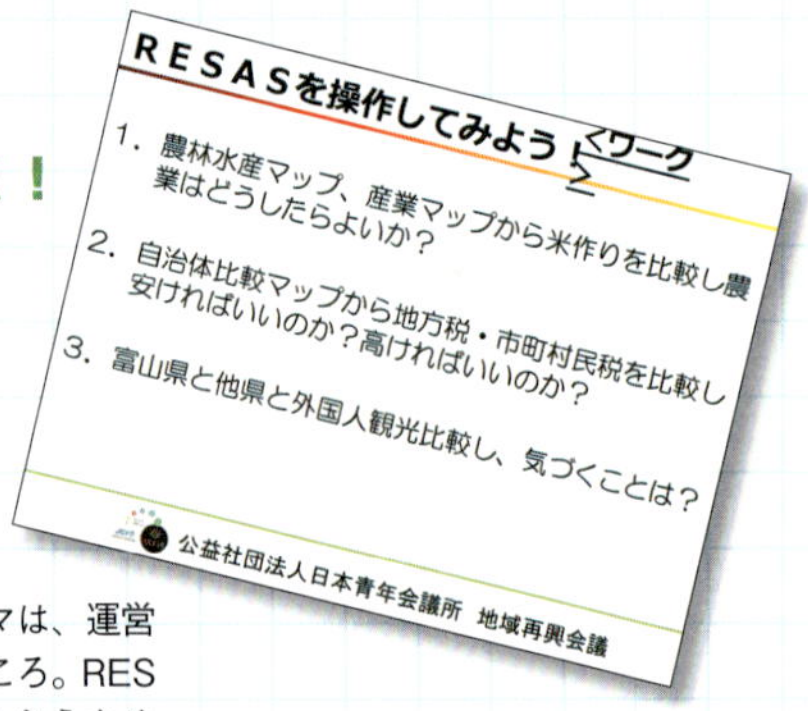
RESASを操作してみよう ～ワーク～

1. 農林水産マップ、産業マップから米作りを比較し農業はどうしたらよいか？
2. 自治体比較マップから地方税・市町村民税を比較し安ければいいのか？高ければいいのか？
3. 富山県と他県と外国人観光比較し、気づくことは？

公益社団法人日本青年会議所 地域再興会議

グループワークのテーマは、運営サイドの知恵の絞りどころ。RESASの威力を実感してもらうために、身近な題材を選んだという。

「農林水産業マップで見ると、氷見市の農産物の3分の2は稲作だけど、産業マップで見ると農林業自体、産業全体の1％にも満たない。稲作って産業としては小さいんだね」「富山、福井、岐阜、愛知は全国的に見ても突出して求人倍率が高い。新幹線とかの高速交通網ができたからかな」……などなど。必ずしも「お題」にリンクしない発見も多いようだったが、それでも問題はない。RESASというツールに親しむことが何より大事なのだ。

「有意義な気づきがあってこそ、RESASの真価を肌で感じてもらえます。そこで地域の今日的な問題に絡むような、みんなにとって身近な題材を基準に『お題』を考えました」（JC地域再興会議 小幹事の禅野葵さん）

RESASを使うには当然インターネットに接続する必要がある。今回は会場にWi-Fi設備があったが、自治体の施設に参加人数に見合う容量を備えたネット環境が整っているとは限らない。業者に依頼してルータを設置するケースもあるという。

ひとつのデータを起点にいろいろなデータに興味が移るのがRESASの面白さ。「グループでRESASをいじると、多様な発想がぶつかり思いがけない発見につながることも多いのです」（禅野さん）

参加者に聞く

山崎裕子さん
Yamazaki Yuko
山崎運送

お題全部は厳しいので、私はもっぱら外国人観光について調べました。観光マップで富山県と石川県を比べたら、富山県はデパートに行く方が少なくて、レジャーを楽しむ方が多いんです。誘致活動の際はそういう観光の目的を意識してアプローチしたほうが効果的ではないかと思います。

RESASは疑問に思っていたことやまったく知らなかったようなことを、即グラフ化して見せてくれるのがすごいですよね。これからもっと積極的に利用して、使い方に慣れて、仕事にも役立てられるようにしたいと思っています。

成果の発表といっても、リラックスしたムードはそのまま。その場に立ち、ざっくばらんな調子で気づいたことを教え合った。ごく短い作業時間の割に、収穫は大きかったようだ。

STEP 3

グループワーク成果発表

多様な考え方を知って発想力アップ

地方税が突出して高い自治体の共通点とは？

そしてグループの代表者による成果発表。目を引いたのは市の農政に前向きな提案を行ったグループだった。彼らはまず、農業従事者の高齢化が進んでいるはずとの仮説を立てた。RESASで検証した結果、事実55歳以上がほぼ9割を占めることが判明。次の2つの提案は、現状を放置したら氷見市の農業に未来はないと考えてのことだ。

「第1に加工、流通、販売といった産業の川下に軸足を移し、農産物の付加価値を高めること。第2にアジアを中心とした富裕層などに販路を開くこと。その過程で農業の法人化を進めれば、若者の参入も期待できるはずです」

地方税が突出して高い自治体を調べたら、原子力発電施設の存在という共通点を見つけたグループもあった。税の高さはもちろん、所得の高さをストレートに映すだけに、参加者たちは一様に複雑な表情だった。

これらの発見は、STEP1のレクチャーで伝授された、いわば「JC式RESAS活用法」を実践した結果。具体的には、①何らかの数値が突出した地域を探して要因を探る、②①の結果をもとにRESAS以外のデータに当たり、深い情報を探すというものだ。

「農業の課題でいえば、私たちが事前に気づいたのは秋田県大潟村の農産物販売額が突出して多いこと。その要因はJAに依存せず独自に販路を開拓していることでした。同じ結論に辿り着いたグループはありませんでしたが、それでOK。今日の体験でRESASが身近になればと思います」（禅野さん）

参加者に聞く

澤武亮さん
Sawabu Akira
澤武電機商会
専務

今回あらためて痛感したのは、RESASが情報や知識の「点を線にしてくれる」ことです。自分が考えていること、調べたことというのは、所詮、点のような知識の断片です。そこからRESASやほかのデータを調べていくことで、点がどんどんつながって線になっていく。それでこそ役に立つ、生きた情報になると思います。

グループで話し合いながら調べることの効果も実感しました。特に女性がいると、新鮮な着眼点に驚かされます。自分とは違うけれど、こういう考え方もできるのかと気づく体験はとても有意義です。

CHECK!

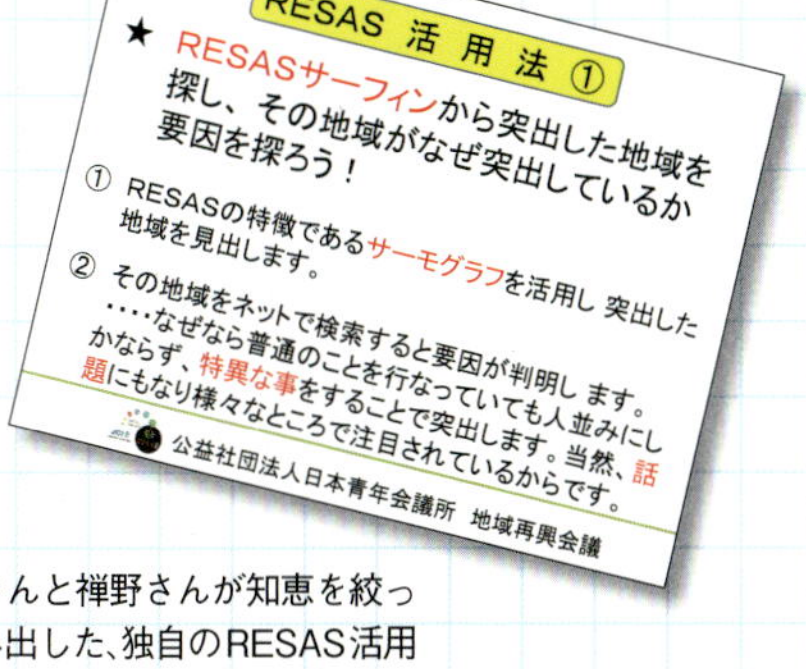

大矢さんと禅野さんが知恵を絞って編み出した、独自のRESAS活用法。数値が突出した地域を探すには、まず気分の赴くまま「RESASサーフィン」を楽しむといいという。

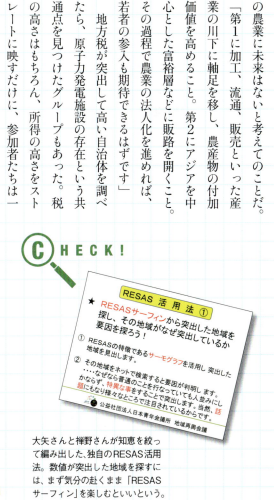

「街使いの専門家」のご意見をいただく

市民が市政に参加する――。至極当たり前でありながらなおざりにされているそのことを、本川市長は就任以来全力で推し進めている。象徴的なのは、市民が集うワークショップを積極展開していることだ。「市長のまちづくりふれあいトーク」と銘打ったそれを、年40回ほど開いている。

「地区トーク、女性トーク、青年トークなど、切り口はさまざまです。駅前整備のようなプロジェクトについても市民の皆さんにご意見を伺場を設けますから、全部合わせたら年に60回くらいになるでしょうか」(本川市長)

近年、市民参加のワークショップを行う自治体が増えている。しかし目立つのは、市民の意見を聞くだけは聞いたが、「その先」につながらないというケース。氷見市の取り組みを知り市長の言葉を聞くと、その根本的な原因が見えてくる。

「ワークショップに何を求めるのかを、まずはっきりさせないといけません。思いを発散してもらうことなのか、合意形成なのか、アイデアをいただくことなのか? 私たちの場合、ときには合意形成を目指す場合もありますが、

市民ワークショップ年60回!

氷見市長は数字を「絵」にする

就任以来、市民を市政に巻き込む取り組みに注力する本川祐治郎氷見市長。RESASなどのデータを、彼はそこにどう生かしているのか?

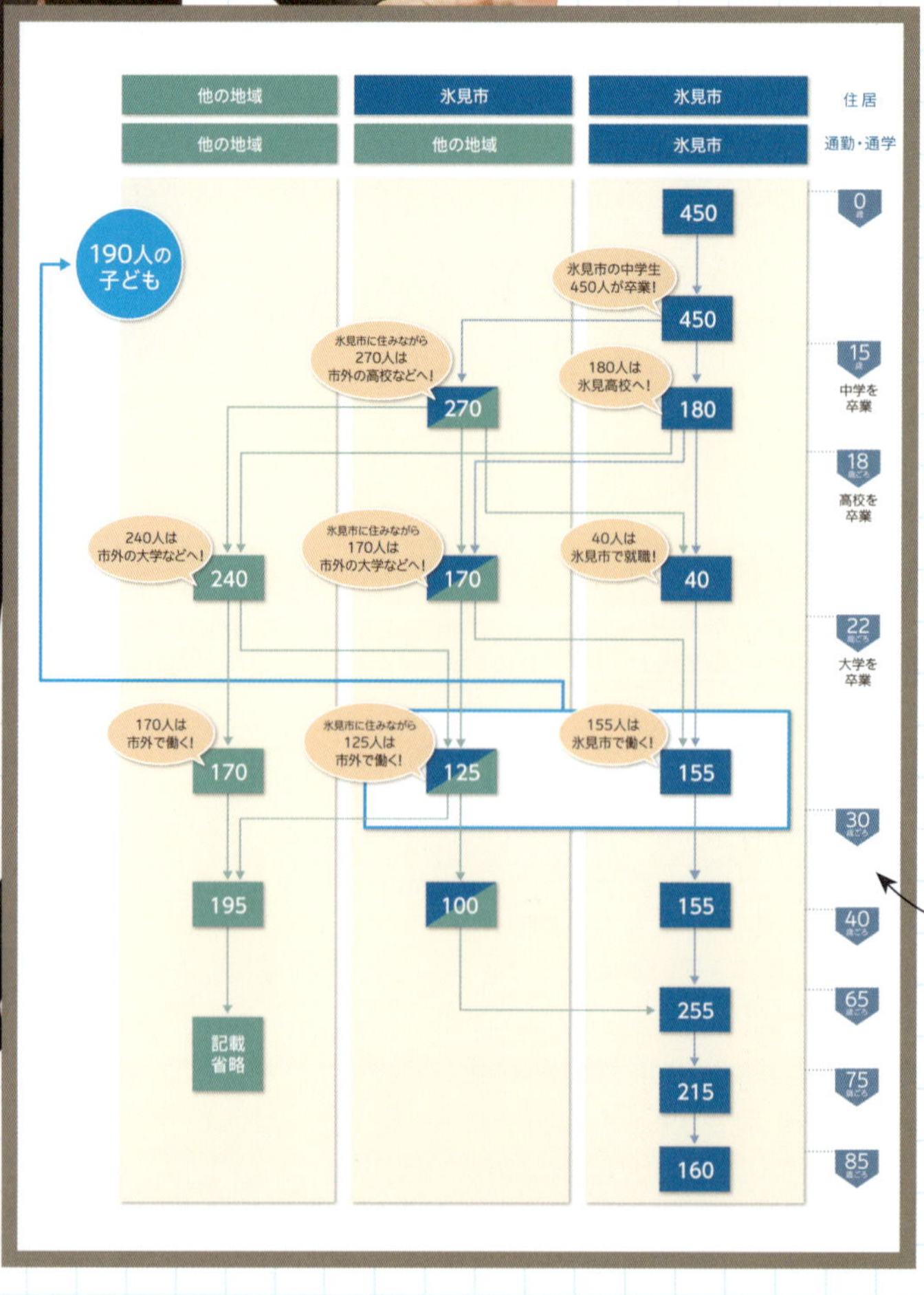

本川祐治郎
Hongawa Yujiro

1967年富山県生まれ。早稲田大学商学部卒業。衆議院議員・武藤嘉文氏の私設秘書、高岡商工会議所などを経て、プロファシリテーターとして起業。2013年、富山県氷見市長選に無所属で出馬。市民の声を市政に反映させる仕組みづくりを訴え、当選した。

市内の中学校を卒業する1学年、450人にフォーカス。過去のデータに従って85歳時、160人に減るまでのプロセスを浮き彫りに。あわせて、持続可能な社会にするための「氷見市15の観点」で、人口減対策の切り口を示した

（上）2014年に完成した氷見市役所の新庁舎は、もともと高校の体育館だった建物を改修整備したもの。ワークショップなどを通じて届いた市民の声が、デザインや機能に盛り込まれている。（左）部署の名称からも青年市長の情熱が伝わる。

基本的なスタンスは市民の皆さまに『街の使い方の専門家』としての新たな視点をいただく、ということです」

つまり、求めるべきは実践に活かせる叡智。だからこそ彼がことさら戒めるのは、市民の声をブラックボックスに入れて放置することだ。「ふれあいトーク」はもちろん、インターネットによる投稿アプリ「ひみボイス」なども通じて届く多様な意見を、氷見市ではすべてデータ化して一元管理し、市長の決済を経て最終的にどう処理されたかまでのプロセスを公開している。

リアクションを期待できないと思えば、人はものをいわない。気軽に発言できる空気を醸成すればこそ、市民の思いは広く共有され、それはいずれ市政の改善につながるアイデアに熟していく。氷見市の取り組みからは、「健全な民主主義を育てたい」という、本川市長の信念が伝わってくる。

数字のビジュアル化で 退屈な予算書を楽しく

「アイデアをいただくには、前提として今の立ち位置と目指すべき大まかなゴールとを整理して提示しないといけません。そこで重要な役割を果たすのが、客観的な数値データです」

ただし、単に数字を羅列した資料を示すだけでは、その意味を読みとることが目的化しかねない。そんな本末転倒を防ぐために、彼は「数字を絵にする」ことにこだわる。いい例が今年初めて全戸配布を達成した「わかりやすい予算書」だ。氷見市の財政状態を家計にたとえて解説するなど、市政の現状をわかりやすく伝えることをとことん追求した。「ふれあいトーク」ではこの予算書をしばしば使うほか、資料に数字を盛り込む必要があるときには「見て面白く、勉強になる」それを選ぶことに心を砕くという。

「その点、RESASは願ってもないツールです。簡単な操作で数値データをビジュアル化できますからね」

「1学年人口」の推移を分析 人口減対策の有力なヒントに

RESASの有効活用はこれからの課題だと彼はいうが、庁内のスタッフはすでにこのツールを使った成果を着々と積み上げつつある。経済産業省が「地域分析システム（RESAS）利活用事例集」に収録した「人口ビジョン策定のための分析」は、なかでも評価が高い労作だ。今15歳の「1学年人口」にフォーカスして、氷見市の将来的な人口推移を分析した。画期的なのは卒業や就職、結婚、マイホーム取得などライフステージの転機が、人口増減の節目になることを客観的なデータで示したこと。人口減を防ぐための具体的な方策を練るうえで、これほどパワフルな資料はないだろう。

「これを作った宮本君（右のコラムに登場）は典型的な左脳派。私は右脳派なので、この手の作業は彼のような優秀なスタッフにおまかせです（笑）」

職員に聞く

宮本祐輔さん
Yusuke Miyamoto
氷見市 市長政策・都市経営戦略部
地方創生政策監

一般的に政府の統計はデータが豊富ですが、生の数字ばかり。知識がないと上手に使えません。それにひきかえRESASは、定量データを簡単に視覚化できるのがスゴイ。RESASなら眺めているだけでヒントが見つかることもあります。

JCの「RESASカフェ」にお邪魔しましたが、みなさんちゃんと使いこなしていたのですごいと思いました。一般の方にこういったツールが浸透したら、データに基づいた議論が活発になると考えられる。行政の政策ももっとリッチなものになっていくと思います。

「政策」による連携で地域課題を解決

地域社会における人口減少・少子高齢化問題は周知の通りだが、２０１４年に「日本創成会議」人口減少問題検討分科会が発表した消滅可能都市の報告は衝撃的だった。そこでは「２０４０年までに全国約１８００市町村のうち約半数（８９６市区町村）が消滅する恐れがある」という指摘がなされ、問題の深刻性が改めてあらわになった。

このような人口問題は限界集落の問題だけでなく、日本全体の存続に関わる重大な問題であり、今こそ多様性と個性を有した地域の活性化が必要である。そのためには、各地域で課題解決に向けた具体的行動をあらゆる個人や団体が協働して実施すること、つまり政策による連携が不可欠だ。

そこで２０１５年度から日本青年会議所の主催で始まったのが、「地域再興政策コンテスト」だ。このコンテストの目的は、政策を募集することで、地域活性化のための政策立案を働きかけ、またその中で優秀なものを見出し継続的に支援していくことである。

２０１６年度は全国６９７各地会員会議所の内、91会員会議所が参加し、１０９もの政策が応募された。それら

JCI 公益社団法人 日本青年会議所主催

きみの政策で地域が動く

地域再興政策コンテスト

人口減少・少子高齢化をはじめ各地域が抱える多くの課題。
日本青年会議所（JC）による政策コンテストでは、その解消を目指し
未来を描く政策が競い合う。

を、自立性や将来性、地域性などを基準に評価していく。

コンテストは一次審査と二次審査を経て最終審査に。最終審査ではプレゼンテーションが行われ、各賞を決定する。グランプリの会議所には専門家がアドバイザーとして派遣され、準グランプリ・優秀政策賞には内閣府からのフォローアップが入る。

評価されるのは内発的なイノベーション

2015年度は「地域の自立自活に向けた地域戦略」というテーマのもと、留萌ＪＣの『北海道最大の「音楽合宿の街」留萌へ』がグランプリを受賞。まちの歴史・文化的背景を汲んだ独自性、音楽合宿に絞った計画の具体性、そして新愛着住民の育成につながるといった効果の多様性が評価された。

2016年度は、「地域の活性化を図る具体的な政策」というテーマのもと、小野加東ＪＣの『小野加東＋5歳成人式』がグランプリを受賞した。政策の実直さ、他地域への広がりの可能性といった点が受賞の理由だ。

2つの政策コンテストに共通するのは、まず1つに内発的な再興という点だ。地域再興政策の多くは、人口減少と少子高齢化によって衰退した地域の内部には期待が持てないので、外部に目を向け交流人口を増やすという方向性で発案される。しかしこのような外発的な地域再興は根源的な課題解決にはならない。真の地域再興には内発的なライフスタイルのイノベーションが必要である。まだ掘り尽くしていない地域固有のＤＮＡを活かし、地域の底力を見せる政策が好まれる。

もう1つが全国各地に展開できるモデル性を有していること。地域の独自性を保ちながらも、他地域においてもなお活用できるような汎用性と柔軟性を持つ政策が好まれる。

こういった政策がこのコンテストの「地域の活性化から日本全国を豊かにしていく」という最終的な目的の実現につながるのである。

最終選考に残ったＪＣの政策起案者によるプレゼンテーションを経て、各賞が決定される。一番下の写真は2016年の政策コンテストで小野加東ＪＣがグランプリを獲得したときの喜びの様子。政策の実現が待たれる。

地域再興政策コンテスト概要

第1回

名称
第1回地域再興政策コンテスト

募集期間
2015年3月1日(日)～2015年5月31日(日)

募集テーマ
「地域の自立自活に向けた地域戦略」

政策カテゴリー
- 東京2020五輪における波及効果の取り込みに関する施策
- 滞在型観光などの交流人口の拡大に関する施策
- 構造改革特区制度などの特区制度の活用に関する施策
- 税制優遇の活用に関する施策
- 地域資源の新たな活用

グランプリ
一般社団法人 留萌青年会議所
「北海道最大の『音楽合宿の街』留萌へ」

準グランプリ
公益社団法人 さぬき青年会議所
一般社団法人 天理青年会議所
公益社団法人 おおさき青年会議所

第2回

名称
第2回地域再興政策コンテスト

募集期間
2016年3月1日(火)～2016年5月17日(火)

募集テーマ
「地域の活性化を図る具体的な政策」

政策カテゴリー
- 地方にしごとをつくり、安心して働けるようにする
- 地方への新しいひとの流れをつくる
- 若い世代の結婚・出産・子育ての希望をかなえる
- 時代にあった地域をつくり、安心なくらしを守るとともに、地域と地域を連携する

グランプリ
一般社団法人小野加東青年会議所
「小野加東＋5歳成人式」

準グランプリ
一般社団法人 香住青年会議所
「キャンピングカーの聖地『香住』の創造」

詳細は右記HP　http://www.jaycee.or.jp/member/saikocontest/

ニッポンの地域の課題

私たちが生活する地域は、さまざまな側面を持つトータルな存在です。経済が循環する場であり、生活の場でもある地域。地域の課題を考えるには、多様な視点からのアプローチが必要となります。

産・官・学・民が協働し地方創生に取り組む

自治体が地域活性を実施するにあたり、地域の行政だけで計画を練る時代は終わりました。

地域を支える産業に携わる商工会や観光協会、本誌の連携先である各地の青年会議所をはじめ、地方の金融機関や地元メディアｅｔｃ．…。これら産業の視点に加え、生活者の視点や地元外からの視点など、多様な人々が主体的に地域づくりに参画していくことが求められています。

こうした背景の中、２０１４年10月に大正大学 地域構想研究所は、東京都豊島区巣鴨の地に誕生しました。翌２０１５年は「地方創生元年」、全国の自治体が自分たち地域の再構築に向けて本格的に始動した年です。

地域構想研究所は、「地方創生」の基盤として、従来からあった産・学の連携を乗り越え、新たなネットワークを築き上げていくことを目指していきます。地域が「密度の濃い交流」を行い、大学が「知」の拠点として支援し、より接続の強い関係を築いていくことが、新しい産・官・学・民の協働を実現していく一歩だと考えるからです。

地域が抱える課題と価値創出へ

現在、地域の多くは若者世代が都市部に流出し、人口が減少しています。大都市への人口集中が著しく、都市とは対照的に人口減少に悩む地域が拡大しているのです。さらに、人口はもとより大企業が東京を中心に、各地中心都市に集中しています。日本の経済規模の上から分析すると、全体の約7割が東京と地方中心地における経済活動によるものといわれています。

そこへ、少子高齢化が進み、さらに活力を失いつつある地域が増えてきています。若者の流出と人口減少、そして少子高齢化により、地域の産業がますます衰退し、地域内収支が恒常的に

地域からニッポンを変える これが大正大学「地域構想研究所」のミッションです。

東京で地域課題を発見し、解決のために学び、実践する意義は大きい。日本の未来は、地域の活性化を担う人材の活躍にかかっているのです。

マイナスとなり、継続的で安定した雇用の機会が縮小するという悪循環となってしまいます。

これからの時代、地域が独自に活力を持っていくためには、地域に新しい産業を創出し、地域の経済を循環させていく必要があります。現在、政府の主導によって地方経済の立て直しや新たな地域産業の再生に向けて具体的な動きが始まりました。いわゆる「地方創生5カ年計画」といわれるものです。

この5カ年計画では、地域が目標とすべきビジョンを描き、そこに向けた戦略目標を策定し、適切な指標を設定（数値化）、これを達成するための実行可能なアクションプランを盛りこんでいます。こうした計画を設定し、目標に向けたアクションをおこすためには、多くの人たちにより地域の課題の共有からはじまります。

そのためには、地域における特有の資源の再発見、再編成を行っていくことが非常に重要です。時代とともに変化してきた地域の文化ですが、元々持っている地域特有の個性がそこには存在しています。その個性を生かすことで、新しい産業・新しい価値が創出される可能性を秘めています。そのために何をすべきかが問われています。

地域が抱える5つの課題

地域が抱える
5つの課題
福祉問題
日本は、高齢化が世界的にトップです。そのため、特に医療・介護の問題は重要です。これからは、地域の人々の協働や民間の参入によって解決していける可能性があります。逆に、新しい産業の創出の可能性も秘めています。
社会問題
地域の歴史や文化に根ざしたコミュニティが崩壊しつつあります。地域の生活習慣は都市化されています。しかし、地域の人の活動は特定の文化を形成することから、特色ある地域をつくることができる可能性があります。
経済問題
多くの地域では既存の産業が衰退し、地域内経済の収支が恒常的にマイナスとなっており、雇用の機会が縮小傾向にあります。新しい産業の創出が求められています。
人口問題
人口減少は日本全体の課題です。今後人口が大幅に増加することは考えにくい状態にある中で、いかに人口減少を抑制するかが問題です。人口減少は、少子化・高齢化の加速、地域間格差の拡大など、さまざまな地域課題をひきおこす根源的課題です。
教育問題
教育（小･中･高校）の現場で「自分たちの地域課題」を考え、解決に向けた実践力を養うことが求められています。また、産業人やリタイアメント世代による多世代の協働が重要視される中で、生涯教育の方向性も地域課題に向けて重要視されています。

地域資源を再発見し再活用することから

人口減少という、日本全国どの地域でも課題となっている問題の解決には、産業の創出をはじめ、新しいコミュニティの形成など、地域資源を活用した取り組みが必要です。そのためには、埋もれている地域資源を掘り起こし、活用する基盤づくりが欠かせません。それは資源を活用できる「人材育成」とイコールなのです。

資源は、活用されてはじめて「資源」となる

地域に新しい産業を創出しようと考えるとき、地域資源の活用が欠かせません。どのような地域でも多くの潜在的な資源は存在しますし、それを活用すれば、地域の個性を発揮した活動が可能となります。しかし、地域の人々は自らの地域が持つ優れた資源に気づいていない場合が多く見受けられます。問題は、資源というものをどのように捉えるかにあります。

そもそも、いかなる資源もそれ自体は資源ではありません。それらは人間が活用することによって、はじめて資源となります。例えば、石油は近代にいたるまでは資源ではありませんでした。人間が利用したことで資源となったのです。同様に、水や風、鉱物、森林、地形など活用すれば資源に転化します。また、歴史、芸能、文化も資源として価値が大きいといえます。

さらに、「人材」という資源を蓄積すれば、知恵が生まれます。

地域資源の掘り起こしとオープンデータの重層活用に向けて「地域ソリューション情報センター」を立ち上げました。

地域構想研究所では、地域資源の掘り起こしについて支援するアドバイザー、集積されたデータを整理するオペレーター、データサイエンティスト専門研究員らによる、地域資源活用の支援のための「地域ソリューション情報センター」を設立し、集積・解析を行っています。

●大正大学 地域構想研究所
「地域ソリューション情報センター」
に関するお問い合わせは
http://chikouken.jp/contact
または 03-5944-5482

地域を歩き、住民の話を聞き「地域資源マップ」を作成していく調査実習風景。地元住民と大正大学学生、先生や地域構想研究所研究員など、多様な視点が入ることで、新しいアイデアが生まれる。

資源を活用するのは「人」創発的な「地域課題」解決へ！

一方で、地域は日常生活を送る場であり、日ごろから「資源」を意識して生活している人は少ないでしょう。そのためにも、意図的に「わたしたちの地域はどうなるのか?」「わたしたちは、どうするのか?」を考える「場」を持つことが必要です。

大正大学 地域構想研究所では、その「場」において、数値化されたデータと、生活者や企業人の日常の体感値が合わさることで、新たな資源発掘と活用が生まれると考えています。

そこで、本研究所では多様な視点から情報を収集し、ビッグ&オープンデータや地域特有データなどど照合しながら地域資源を洗い出し、地域へフィードバックを行う支援をしています。

地域でのワークショップや意見交換の「場」にデータを活用してみたい、「場」を運営したい、データを扱う人材を育成したいなど、地域の現状に合わせた貢献を目指しています。

数値化されたデータ分析と、リアルな地域活動との融合から生まれる地域創発がニッポンを元気にしていくことを信じて大正大学 地域構想研究所は活動しています。

地域活性化サイクル

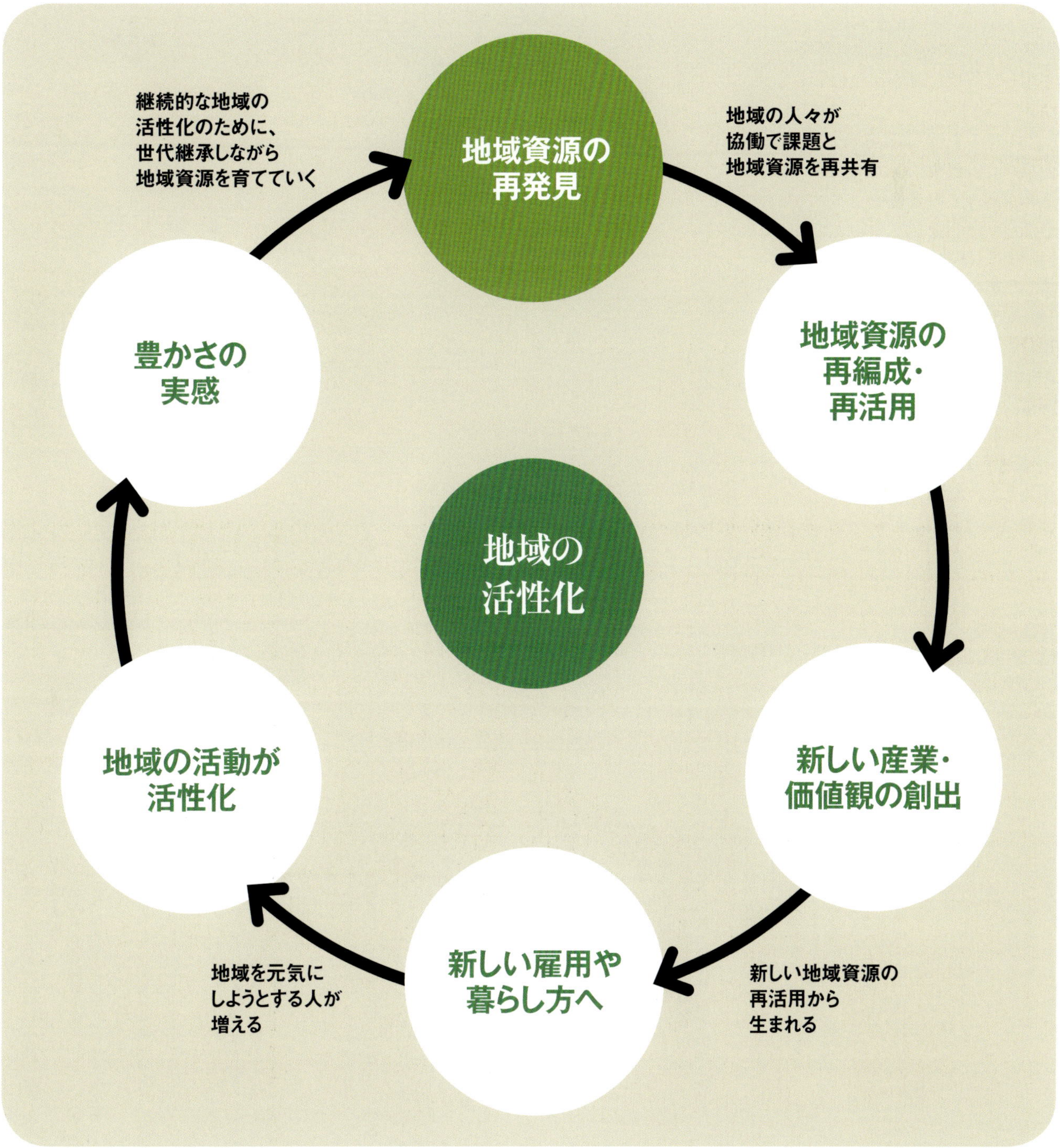

情報誌「地域人」は、地域の活性化を担う〝地域人〟が主役です。

政府方針である
地域創生政策は、将来にわたって
「活力ある日本社会」を
形成していくために、地域資源を
利用した多様な地域社会の形成を
目指しています。
そのためには、首都圏地域を含めた
他地域との積極的な人的交流、
情報交換などの連携を
推進していくことが求められます。
「地域人」は地域で活躍する
多くの人々から得た、前向きで積極的な
〝生〟の情報を新鮮なまま
毎月お手元にお伝えします。
また、さまざまな取り組みや先進事例を
解説、論説を加え紹介していきます。
ビジネスや生活に役立つことはもちろん、
地域創生のテキストとしても
活用していただけるような
情報提供を目指します。

月刊「地域人」
毎月10日発売　編集●大正大学地域構想研究所
定価●815円+税　定期購読●10,000円／1年間（税込）
※上記は送料込み　※発送元は(株)ティー・マップ

「地域人」の
各号のダイジェストは
こちらからも見られます。
http://chikouken.jp/chiikijin

地域人別冊
地方創生に役立つ!
「地域データ分析」の教科書は、
大正大学地域構想研究所と
公益社団法人日本青年会議所の
共同編集です。

現代の日本における地域創生・地球課題解決のために、地域の連携を促し、地域創生のための新しい価値を「共創」することによって地域や社会に貢献していくことを目的としている「大正大学地域構想研究所」は2016年に志を同じくする「(公社) 日本青年会議所」と連携協定を結びました。本誌は、日本の未来を担う人材に求められる資質の一つとして「データ分析」の基礎力が必要と考え、共同編集により発行に至りました。皆様の地方創生の一助になれば幸いです。

地域構想研究所HP
http://chikouken.jp/

日本青年会議所HP
http://www.jaycee.or.jp/

●総合プロデューサー
柏木正博（大正大学地域構想研究所 副所長）
●企画・編集
大正大学 地域構想研究所
（公社）日本青年会議所「地域再興会議」
●プランナー
中島ゆき（大正大学地域構想研究所 主幹研究員）
●編集制作
回遊舎
●取材・文
酒井富士子／及川二弓／坂本綾子／手代木建
今井康宏／小野太郎／永峰英太郎／本間康幸
●イラスト
寺田久美
●撮影
松本幸子／青山徹／テラサカトモコ
竹藤光市／金井塚太郎／安藤〝アン〟誠起
●アートディレクター
大久保裕文（ベター・デイズ）
●デザイン
芳賀あきな／小渕映理子／須貝美咲
（ベター・デイズ）
●営業・広告
石田順子／石田聡
（ティー・マップ）
●販売
伊藤和則（ティー・マップ）

地域人別冊
地方創生に役立つ！
「地域データ分析」の教科書
2017年1月20日　第1版第1刷発行
●発行人
柏木正博
●発行所
大正大学出版会
〒170-8470
東京都豊島区西巣鴨3-20-1
電話　03-3918-7311（代表）
●制作
大正大学事業法人　株式会社ティー・マップ
電話　03-5907-3971（代表）
●印刷所
大日本印刷株式会社